„Zum Thema"

JOHN WELDON / ZOLA LEVITT

UFOs UND OKKULTISMUS

Gekürzte Ausgabe

VERLAG SCHULTE + GERTH, ASSLAR

Die amerikanische Originalausgabe erschien unter dem Titel
„UFO's: What on earth is happening?" im Verlag
Harvest House Publishers, Irvine, California 92707, USA
©1975 Harvest House Publishers
©der deutschen Ausgabe 1977 Verlag Schulte + Gerth, Aßlar
Aus dem Amerikanischen von Martin Schneider

Bestell-Nr. 15527
ISBN 3-87739-527-9
1. Auflage 1980
Umschlaggestaltung: Gisela Scheer
Satz: Typostudio Rücker & Schmidt
Druck und Verarbeitung: Ebner Ulm
Printed in Germany

INHALT

DIE UFOs SIND REALITÄT!

Es gibt keine größere Herausforderung für den denkenden Menschen als die Einbeziehung der UFOs in das Leben auf unserem Planeten Erde.

Stanton Friedman (Kernphysiker)
UFO-Tagung der MUFON, 1974

Der Versuch einer physikalischen Erklärung des Phänomens ist gescheitert, der übersinnliche Aspekt allerdings spielt eine so große Rolle, daß man ihn nicht außer acht lassen kann.

Dr. Carl G. Jung
Flying Saucers

Die UFOs sind Realität! Am Himmel schwirren tatsächlich geheimnisvolle, unbekannte Flugobjekte. Millionen Menschen haben sie gesehen, darunter sehr vertrauenswürdige Personen aller Gesellschaftsbereiche: Wissenschaftler, leitende Regierungsbeamte, Militärs, Geistliche.

Geburtswehen?

Wir leben in einer ungewöhnlichen Zeit. Noch nie besaßen die Menschen ein solch umfassendes Wissen über sich und die Welt, noch nie haben sie aber auch so viel leiden müssen. Unser Zeitalter hat etwas Beängstigendes. Politische, militärische und wirtschaftliche Umwälzungen sind an der Tagesordnung. In vielen Teilen der Welt leiden Menschen Hunger. Die gewaltsame Veränderung unserer Umwelt droht die Lebensweise der Menschen auf die Dauer zu verändern. In allen Ländern wächst die Kriminalität.

Die reichen Weltmächte stapeln ihre Atomwaffen, während die armen Völker angstgebannt und tatenlos zusehen müssen. In neuerer Zeit wird die Erde in verstärktem Maße von Unwetterkatastrophen heimgesucht. Wirbel- und Schneestürme, Überflutungen, extreme Frostperioden und Trockenzeiten haben die Ernten dezimiert. Dadurch wurden Millionen Menschen obdachlos und in große Nöte gestürzt.

Auch die unterseeische Vulkantätigkeit nimmt zu. Jahr für Jahr registriert man im Durchschnitt 940 Erdbeben der Stärke fünf oder höher auf der Richterskala. Die schon erwähnten Wirbelstürme nehmen in beängstigendem Ausmaß zu. Zwischen 1924 und 1949 waren es 160 pro Jahr, zwischen 1950 und 1973 aber stieg die Durchschnittszahl auf 624 an. Die Behörde für Ozean- und Atmosphäre-Forschung erklärte, in der ganzen Welt seien „drastische Klimaveränderungen" im Gang. Manche Wissenschaftler behaupten sogar, die Erde steuere ungestüm auf eine Periode ungeheurer geologischer Umwälzungen zu. Möglicherweise werden riesige Mengen Magma* im Erdkern immer aktiver.

Auch die Sonnenflecken haben an Größe und Zahl zugenommen, und die Sonnenaktivität beginnt man-

* Gesteinsschmelzfluß im Erdinnern

chen Beobachtern Sorge zu machen. Denn die Sonne hat in Strahlungsstürmen das Hundertfache an Energie von dem abgegeben, was wir entsprechend ihrer Kernstruktur erwarten würden. Die beängstigende Aktivität ähnelt den Anzeichen eines in Kürze implodierenden Sterns.

Jesus sprach von Kriegen, Hungersnöten und Erdbeben als von „Geburtswehen" (Matthäus 24). Man ist versucht anzunehmen, daß im Zusammenhang mit der Zunahme der geophysischen Erscheinungen der letzten Jahrzehnte mit unserer Erde etwas Ungewöhnliches vor sich gehen muß.

Veränderung des Menschen

In der Soziologie und Psychiatrie lassen umwälzende Forschungsergebnisse einen verhängnisvollen Einfluß auf die menschliche Existenz ahnen. Okkultismus, Steuerung des Geistes, gesetzlich erlaubter Drogenmißbrauch und Kybernetik – um nur einiges zu nennen – sorgen für eine unsichere Zukunft des Menschen. Gesellschaftliche Werte gelten als überholt. Neue Werte des Verhaltens – total anders als alles bisherige – sind in Sicht. Der Mensch weiß nicht mehr, woran er sich halten soll.

Solche verhängnisvollen Umwälzungen hat es vereinzelt schon sehr früh in der Menschheitsgeschichte gegeben. Sie endeten immer mit einer Katastrophe. Diese Veränderungen waren aber auch stets von einer besonderen Aktivität der Mächte der Finsternis begleitet. Die Menschen waren toll und begingen in ihrer Tollheit schreckliche Greueltaten.

Manche Theologen schreiben diese periodisch auftretenden weltweiten Manifestationen des Bösen dem Einfluß dämonischer Kräfte zu, denn die Bibel berichtet von einem ungeheuren Anwachsen dämonischen Wirkens für das Ende unseres Zeitalters.

UFOs – Zeichen der Endzeit

Wir sind nicht die ersten in der Geschichte unserer Welt, die UFOs – unbekannte Flugobjekte – gesichtet haben. Berichte über solche Flugkörper sind uns aus allen Zeitabschnitten der Geschichte überliefert. In unseren Tagen jedoch häufen sich derlei Beobachtungen. In den letzten dreißig Jahren trat das Phänomen UFO in einer Häufigkeit auf, daß man direkt von einer Explosion sprechen kann.

Dieses Buch will versuchen, ein wenig Licht in das UFO-Rätsel zu bringen. Denn wir sind der Auffassung, daß Satan und seine Dämonen mit diesem erstaunlichen Phänomen im Zusammenhang stehen. Auch glauben wir, daß ihre Tätigkeit mit der Großen Trübsal der Endzeit zu tun hat. Aus biblischer Sicht ist erhöhte dämonische Aktivität ganz und gar nicht überraschend. Im Gegenteil, sie ist zu erwarten.

Wir haben nur vertrauenswürdige, öffentlich zugängliche Quellen für unsere Untersuchung des UFO-Problems benutzt und alle einschlägigen Angaben einer genauen Prüfung unterzogen. Der Leser möge dieses ungewöhnliche Thema mit besonders wachem Geist durchdenken. Gläubige Christen brauchen sich nicht zu ängstigen, wenn wir uns im Laufe der Untersuchung mit der Wirksamkeit der Dämonen beschäftigen; es ist aber ratsam, seine Phantasie fest im Zaum zu halten.

Wie auch immer die Einstellung des Lesers übernatürlichen Erscheinungen gegenüber sein mag, jeder hat das Recht, Fragen zu stellen und nach einer Antwort zu suchen.

UFOs weltweit gesichtet

Die bekannt gewordenen UFO-Berichte zeigen, daß diese nicht identifizierten fliegenden Objekte auf der ganzen Welt zu Tausenden beobachtet werden.

In den USA machen UFO-Berichte in den größeren Zeitungen allerdings selten Schlagzeilen. Nur das Zentrum für UFO-Studien erhält im allgemeinen täglich mehrere Berichte über seinen „heißen Draht". Diese Informationen sind aber nur amtlichen Behörden (z.B. dem FBI, der Polizei usw.) zugänglich, nicht aber der Öffentlichkeit.

Tatsache ist, daß regelmäßig geheimnisvolle Flugkörper beobachtet werden. UFOs wurden und werden in den Vereinigten Staaten, Rußland, Deutschland, Frankreich, Brasilien und in den Ländern Afrikas beobachtet. Jede Nation scheint sie gesichtet zu haben. Vor mehrern Jahren geriet zum Beispiel Jugoslawien in Panik, weil sich die Bevölkerung von einer regelrechten UFO-Invasion bedroht glaubte.

Die Häufigkeit der Vorfälle gleicht sich überall in der Welt. Werden innerhalb kurzer Zeit besonders viele UFOs gesichtet, spricht man in der Fachsprache von einem „UFO-Flap". 1965 und 1967 gab es z.B. große internationale UFO-Flaps. Auch im Sommer 1972 und Herbst 1973 beobachtete man eine ganze Serie solcher Flaps. Über die letzteren wurde in den Medien weit mehr berichtet als über die der sechziger Jahre, vielleicht infolge der laufenden Vorbereitungen für einen UFO-Informationsbericht der NBC.

In den letzten Jahren scheint das Interesse am Übersinnlichen zuzunehmen. Die Bücher von Erich von
Däniken sind in fünfundzwanzig Millionen Exempla-
ren verkauft worden. Die Öffentlichkeit scheint einen
Heißhunger nach Geheimem und Okkultem zu haben; von dieser Gier für das Mysteriöse profitieren
natürlich auch in großem Maße die UFOs.

In Dänikens Büchern wird spekuliert, unsere Erde
sei vor Tausenden von Jahren von intelligenten Wesen aus dem All besucht worden. Dieser Gedanke ist
natürlich faszinierend. Aber das Interesse an den
UFOs wird auch aus sehr objektiven Quellen ge-
speist. Eine am 29. November 1973 veröffentlichte
Meinungsumfrage des Gallup-Institutes erbrachte,
daß an die fünfzehn Millionen US-Bürger die geheimnisvollen „himmlischen" Flugkörper gesehen haben
wollen.

UFO-Bücher, ehemals strikt der Science-Fiction-
Literatur zugeordnet, finden heute einen großen Le-
serkreis.

Aber auch qualifizierte Naturwissenschaftler sowie
Politiker interessieren sich für das UFO-Problem
trotz des Condon-Reports – eine zweijährige Studie –
der zu dem Schluß kommt, daß „ein weiteres intensi-
ves Studium der UFOs nicht gerechtfertigt ist, da man
nicht erwarten kann, die Wissenschaft dadurch zu för-
dern."

Die Organisation zur Erforschung der Luftphäno-
mene – APRO genannt – der Vertreter aus fünfzig
Ländern angehören, betreibt ernsthafte UFO-Forschung.

Die UFO-Beobachtungen und Berichte von Leuten, die angeblich UFOs aus der Nähe sahen oder sogar an Bord fliegender Untertassen gewesen sein wollen, haben nur wenig zum besseren Verständnis des Problems beigetragen. Nach wie vor tappt man im Dunkel darüber, worum es sich bei den geheimnisvollen Flugkörpern eigentlich handelt, woher sie kommen und was sie wollen. Die Identifizierung der UFOs scheint also ein recht schwieriges Unterfangen zu sein.

Die überwiegende Mehrheit der Ufologen hält die Objekte für reale, materielle Flugmaschinen von anderen Welten. Eine kleinere Gruppe ist auf Grund der seltsam ziellosen Manöver der Flugkörper der Meinung, daß sie aus einer anderen Dimension des Seins stammen – also einen Ursprung haben, der für uns nicht feststellbar ist. Sie halten die Flugkörper für „halbfest" oder „halbphysikalisch". Eine dritte Gruppe glaubt schließlich, daß zumindest manche UFOs eine geisthafte Spektralnatur besitzen – also geisterähnliche Eigenschaften aufweisen. Diese Meinung gründet sich auf den Vorfall vom 1. Oktober 1948, als Luftwaffenleutnant George F. Gorman berichtete, daß er mit einem leuchtenden, aber offenbar nicht materiellen Flugkörper ein förmliches „Luftduell" ausgefochten habe.

Schlicßlich sollen auch die zu Wort kommen, die glauben, daß die UFOs *Wesen* sind, also keine Flugmaschinen. Sie sind der Ansicht, daß das, was man mit den Augen wahrnehmen kann, nur die äußere Hülle dieser Wesen ist.

Keine dieser Theorien paßt ganz zu den Daten, die wir selbst über die UFOs gesammelt haben. Manche Angaben werden gewiß für Leute, die alle Naturphänomene ausschließlich materiell erklären wollen, unbefriedigend sein. Aber die enorme Anzahl glaubhaft bezeugter Kontakte mit UFOs drängen sie in eine unhaltbare Position; denn UFOs können heute nicht mehr geleugnet, aber auch nicht naturwissenschaftlich erklärt werden.

Der Mond, plötzlicher Temperatur-Wechsel, Lichtreflexion, Wolken, Luftspiegelungen, Sterne, Sumpfgase, Kugelblitze – all das hat herhalten müssen, um UFO-Beobachtungen als etwas „Natürliches" erklären zu können. Manchmal pocht man auch darauf, heute seien noch nicht alle Naturphänomene bekannt, so daß man UFO-Erscheinungen unter die noch unerklärbaren Himmelsphänomene einreihen könne. Die meisten UFOs sind in der Tat seltsame „Lichtkügelchen" am Himmel.

Schließlich darf die Ansicht nicht fehlen, nach der es sich bei den unidentifizierten Flugobjekten um Geheimwaffen des Feindes handele (entweder amerikanische oder kommunistische, je nach Standort diesseits oder jenseits des Eisernen Vorhangs).

Wir wollen an dieser Stelle darauf hinweisen, daß es für die meisten UFO-Phänomene tatsächlich eine natürliche Erklärung gibt, einige mögen sogar absichtliche Fälschungen sein. Aber es heißt dem wahren Sachverhalt ausweichen, wenn man deshalb die vielen Meldungen von UFO-Sichtungen aus aller Welt – ungeachtet internationaler Grenzen und Ideologien – unbeachtet ließe.

Das in den USA erschienene Buch „UFOs Past, Present and Future" beschäftigt sich mit den zahlreichen UFO-Beobachtungen der Jahre 1947-1973 und führt einen überzeugenden Nachweis für deren Echtheit. Die meisten der angeführten Fälle entstammen amtlichen Akten der Luftwaffe und wurden in Zusammenarbeit mit dem Verteidigungsministerium sowie der NASA zusammengestellt. Der Autor bezeichnet das Beweismaterial für die tatsächliche Existenz der UFOs als „überwältigend."

Der Feind vom „Himmel"

Die UFOs sind nicht unsere Freunde. Gelegentlich hört man den Vorschlag, man müsse mit diesen geheimnisvollen Besuchern von anderen Planeten gute Beziehungen aufnehmen. Eine Reihe von Leuten meint auch, Kontakte mit einer weiter fortgeschrittenen Zivilisation könnten der Menschheit helfen, ihre eigenen Probleme besser zu lösen.

Was aber, wenn uns die „Fremden" nicht freundlich gesinnt sind? Abgesehen davon, daß hin und wieder von positiv verlaufenen Kontakten mit Außerirdischen berichtet wird, existieren auch andere ernüchterndere Berichte von solchen Begegnungen.

So wird im Zusammenhang mit UFOs von bizarren und schauererregenden Vorfällen berichtet.

Zunächst einmal zeigt sich, daß Leute, die sich intensiv der UFO-Forschung verschrieben haben, eine höhere Todesrate aufweisen. Manche Piloten, die UFOs mit dem Flugzeug verfolgten, haben es büßen müssen – einige starben dabei, andere wurden Opfer von UFO-Attacken, obwohl sie sich selbst friedlich verhalten hatten. In einem Fall barg man aus einem verunglückten Flugzeug, in dem es entsetzlich stank, Leichen mit klaffenden Wunden. Auch andere mysteriöse Phänomene treten im Zusammenhang mit diesen Flugkörpern auf: Geheimnisvolle Geräusche, leuchtende, aber unhörbare Explosionen, Feuerflammen. Gleicherweise beeindruckend sind die „Hypno-sestrahlen", von denen Beobachter eingehüllt und betäubt werden. In seltenen Fällen kam es auch zu Entführungen und dabei zu sexuellen Gewalttätigkeiten.

Weil solche Berichte anstößig sind, widerlich und furchteinflößend wirken, hat man sie später nicht mehr veröffentlicht, obgleich sie wahrscheinlich nachgeprüft und echt sind. Bei allen Erscheinungen im okkulten Bereich muß man natürlich immer wieder mit Fälschungen und Übertreibungen rechnen. Die große Anzahl uns vorliegender UFO-Berichte und ihre Ähnlichkeit unter den verschiedensten Vorbedingungen sprechen jedoch für die Wahrheit des Geschilderten. Unsere Ansicht – bei den UFO-Phänomenen handelt es sich um die Wirkung von Dämonen – wird durch die Berichte immer mehr erhärtet.

Auch, daß UFOs gelegentlich auf der Erde landen, kann man glauben, denn man hat auf den Landeplätzen Einkerbungen und Vertiefungen im Boden festgestellt. Manchmal blieb auch ein seltsamer undefinierbarer Rückstand auf der Erdoberfläche zurück, der sich aber nach kurzer Zeit verflüchtigte. In einigen Fällen fand man an jenen Plätzen Kühe und kleinere Tiere, die verstümmelt oder in zwei Teile zerschnitten waren.

Auch Teleportationen, d.h. die übernatürliche Versetzung eines Individuums von einem Ort an den anderen, wurden im Zusammenhang mit den unbekannten Flugkörpern festgestellt.

John A. Keel, einer der prominentesten UFO-Forscher, spricht von einem starken Zunehmen der Flugobjekte, die er „Phantomhubschrauber" nennt. Laut Keel sind diese Maschinen in zwanzig Bundesstaaten der USA, von New York bis hin nach Kalifornien, aufgetaucht.

Zu den ungewöhlichsten und gruseligsten Aspekten im Zusammenhang mit UFOs gehören die „Männer in Schwarz". Ihre Mission besteht den Berichten nach in der Vernichtung von UFO-Indizien sowie der Einschüchterung der Beobachter. Obwohl sie mehr einem modernen Horror-Film als der Wirklichkeit entsprungen zu sein scheinen, ist in UFO-Berichten wiederholt von ihrem Auftauchen und Handeln die Rede. John Keel spricht auch von einer Variante dieser widerlichen Burschen. Er nennt sie die „Leichen", und zwar deshalb, weil sie außerordentlich dünn, bleich und blutleer wirken würden. Ungefähr fünfundzwanzig Personen haben diese furchterregenden dünnen Männer beschrieben.

In Zeiten eines gehäuften Auftretens der UFOs gab es auch Berichte über das geheimnisvolle Verschwinden von Menschen und Flugzeugen. Manchmal tauchten dieselben mehrere tausend Kilometer entfernt wieder auf, manchmal blieben sie aber für immer verschwunden. In manchen Fällen erlitten die betroffenen Personen einen Gedächtnisverlust. Flugzeuge, Autos, Schiffe und sogar Eisenbahnzüge verschwanden spurlos. Nach Keel sind diese Vorfälle absolut sicher belegt, so unglaublich dies auch klingen mag. In einem Fall behauptete ein Beobachter, der eine eidesstattliche Erklärung über das Gesehene abgab, er habe ein glockenförmiges Flugobjekt über einem Düsenjäger herabschweben sehen, welcher das Flugzeug enterte und wegschleppte. Tatsächlich wurde an jenem Tag in der Gegend, in der der Beobachter wohnte, ein Düsenjäger als vermißt gemeldet und nie aufgefunden. In Brasilien wurde ein Mann in seinem Auto von einem „riesigen feurigen Ball" mit einer Geschwindigkeit von 180 Stundenkilometer viele Kilometer weit mitgeschleppt. Der geschockte Fahrer des Wagens meinte danach, dies sei für sein Kleinauto eine beachtliche Leistung gewesen.

Interessant in diesem Zusammenhang ist auch, daß das sogenannte Bermuda-Dreieck eine hohe UFO-Frequenz aufzuweisen hat. Es ist berüchtigt, weil dort schon viele Menschen und Dinge spurlos verschwunden sind.

Das zentralgalaktische Zentrum

Die Idee von einer Planetenunion taucht bei Kontakten mit den Außerirdischen immer wieder auf. Was sie sagen, ist natürlich aus vielerlei Gründen verdächtig, andererseits aber haben auch schon bekannte Wissenschaftler diesen Gedanken geäußert. Dr. Carl Sagan, Astrophysiker an der Cornell-Universität, spricht von einem „zentralgalaktischen Zentrum". Dr. Fred Hoyle nennt es einen „interstellaren Klub". Die Zeitung Newsweek bemerkt dazu, daß eine wachsende Zahl von Wissenschaftlern an eine Vereinigte interstellare Organisation glaube (ähnlich den Vereinten Nationen). Man kam sogar schon auf den Gedanken, daß auch unsere Erde eines Tages ersucht werden könnte, dieser „Vereinigten Planetenorganisation" beizutreten. Die Außerirdischen bereiteten uns für diesen Augenblick sozusagen langsam vor.

Ein Autor glaubt, die UFO-Besatzungen führten die Menschheit durch ihre geistigen und psychischen Kräfte gezielt in das „Wassermannzeitalter" ein. Es sei ihr Ziel, die menschliche Rasse auf eine höhere Stufe emporzuheben, um sie würdig zu machen, einmal einen Platz in dem Vereinigten Universum-Rat einzunehmen. Er erwähnt, daß durch den UFO-Einfluß das Interesse für Außersinnliches und parapsychologische Erscheinungen enorm angestiegen sei. Seiner Meinung nach signalisiert diese Tatsache den Anbruch eines Goldenen Zeitalters, eines Zeitalters, in dem die Menschheit in ihrer geistigen Entwicklung auf eine neue Stufe emporgeführt werde.

„Wassermann" und der „Engel des Lichts"

Die aufregende Idee, „die menschliche Rasse würde bald in eine neue, höhere geistige Existenz eintreten", stimmt mit der Prophetie der Bibel überein. Die Zeichen der Endzeit, wie sie Jesus seinen Jüngern nennt, lassen sich in den besonderen Phänomenen der Natur und des Geistes erkennen.

Die Endzeit ist aber auch gekennzeichnet durch die Wiederkunft Christi und die Errichtung seines Reiches auf Erden – fürwahr ein „Goldenes Zeitalter" und eine höhere geistige Stufe. Nur ist ein großes „Aber" dabei: Das Goldene Zeitalter der Bibel beginnt *nur* für die durch Jesus Christus von der Sünde befreiten Menschen. Der Glaube an das Wassermannzeitalter ist ein menschlicher, auf Okkultismus ausgerichteter Weg, die Umwälzungen unserer Zeit zu betrachten. Das Konzept vom Wassermannzeitalter ist eine Anwendung der „Macht des positiven Denkens" auf etwas, was in Wirklichkeit durch und durch böse ist. Was dem Menschen als Gewinn an neuem Wissen und neuer Erkenntnis erscheint, bedeutet in Wirklichkeit tödlichen Niedergang und führt mitten in die Trübsalszeit hinein. Hieß nicht jener verbotene Baum im Garten Eden, der die ersten

Menschen und mit ihnen alle anderen in Sünde und Tod führte, Baum der *Erkenntnis?*

Der Teufel, so warnt die Bibel, spielt eindrucksvoll die Rolle eines „Engels des Lichts". Er liefert dem getäuschten Menschen geistige Erkenntnisse, aber eine verkehrte Einstellung zum Leben; er lullt ihn in ein falsches Vertrauen und kommt so an sein Ziel. Wer Phänomene wie die UFOs, Kontaktmedien, das gesamte Reich des Okkultismus, d.h. der „Geheimwissenschaften" als etwas dem Menschen Förderliches ansieht, spielt dem Teufel in die Hände.

Wir hingegen vertreten – wie bereits gesagt – den Standpunkt, daß es sich bei den UFOs und anderen seltsamen Manifestationen um dämonisches Wirken handelt, und werden unsere Gründe hierfür noch darlegen.

Seit Urzeiten übt das Okkulte auf den Menschen eine besondere Anziehung aus. Vermutlich gab es schon lange vor unserer aufgeklärten Zeit unbekannte Flugobjekte, die wir heute UFOs nennen. Wenn wir uns mit diesem Forschungsgebiet auseinandersetzen, sollten wir sehr vorsichtig sein, denn hier lauern Gefahren, denen wir nicht mit menschlichen Mitteln entgegentreten können.

Gläubige Christen sollten an diese Phänomene im Gebet herangehen, in dem Bewußtsein, daß sie als Wiedergeborene das Vorrecht haben, zu verstehen, was für die übrige Welt ein verwirrendes Geheimnis ist. Unser Gott hat uns über das Wirken der Dämonen belehrt. Wir lesen in der Heiligen Schrift, wie Jesus diesen Geistesmächten furchtlos entgegengetreten ist und sie besiegte. Wir wissen, daß der „Kampf des Herrn" ist. Wir streben allein nach einem tieferen Verständnis dieser sowie der kommenden Welt.

Die Bibel spricht sich über die Ereignisse, wie wir sie in unseren Tagen in der Welt beobachten, sehr klar aus. Sie zeigt auch deutlich den Weg, wie wir dem kommenden Unheil entrinnen können. Sollten Sie die Bibel noch zu wenig kennen, um gleich alles ganz zu verstehen, so lassen Sie sich nicht entmutigen. Wir werden im folgenden alles erklären. Wir bitten nur um einen offenen Geist und ein bißchen Toleranz für unseren gut belegbaren, aber dennoch stark kritisierten Standpunkt: unseren biblischen Glauben.

Kann denn der biblische Glaube heute überhaupt noch etwas gegen diese Phänomene ausrichten, mit denen der Mensch anscheinend noch nie zuvor konfrontiert wurde? Kann der Christ heute noch immer mutig vorwärts gehen angesichts der erstaunlichen neuen Entwicklungen, welche die Gelehrten vor ein Rätsel stellen und die Behörden sprachlos machen? Können wir, die wir das verlästerte Evangelium Jesu Christi verkünden, heute der Welt noch etwas bieten, was zu ihrem Nutzen ist? Wir glauben, ja.

DER KAMPF UM DIE MENSCHHEIT

Hält man an der rein materialistischen UFO-Theorie fest – d.h. daß es sich um irgendwelche Geheimwaffen einer feindlichen irdischen Macht handelt – dann ist die Idee von UFO-Besuchern in der fernen Menschheitsgeschichte natürlich unhaltbar. Aber weder die Theorie von den Besuchern aus dem All, noch die Annahme, daß es sich um dämonisches Wirken handeln könnte, steht dazu im Widerspruch. Die Heilige Schrift berichtet schon ganz am Anfang der Menschheitsgeschichte – nämlich im Garten Eden – von der List des Teufels. Wenn wir wirklich von einer weit höherentwickelten, außerirdischen Zivilisation beobachtet werden, hätte sich diese höchstwahrscheinlich von Anfang an für unsere Entwicklung interessiert. Wir wären für sie eine äußerst interessante Spezies. Man hätte unsere Fortschritte auf dem Gebiet der Technologie sorgfältig verfolgt, und das vermehrte Interesse an uns – belegt durch das häufige Auftreten der UFOs in unserer Zeit – könnte die Neugier der Fremden widerspiegeln. Waren wir schon mit Steinaxt und Fackel interessant anzuschauen, was für ein spannendes Schauspiel sind wir erst mit Atombombe und ferngesteuerten Raketen!

Übrigens stimmt die biblische Lehre von der Aktivität der Dämonen mit unserem Hang zur Selbstzerstörung durchaus überein. Satans Kampf mit Gott über den Weg, den der Mensch einschlagen soll (z.B. bei Hiob), könnte für den Gegenspieler Gottes positiv ausgehen, wenn sich das Menschengeschlecht selbst umbringt. Die biblische Prophetie zeigt, daß Gott diese Möglichkeiten kennt, und die Wiederkunft Christi (im rechten Augenblick) wird das völlige Chaos abwenden. „Wenn der Herr die Tage nicht verkürzt hätte, so würde kein Mensch errettet werden", lesen wir in Markus 18,20. Die Haltung Gottes den Menschen gegenüber ist klar. „Der Herr ist langmütig gegen uns, da er nicht will, daß jemand verloren werde" (2. Petrus 3,9).

Auf jeden Fall – welche UFO-Theorie man auch vertreten mag – gibt es Hinweise dafür, daß diese geheimnisvollen Flugkörper schon in früheren Zeiten die Erde aufgesucht haben – schon vor sehr langer Zeit!

UFOs in der Geschichte

Die Zahl der Berichte von UFO-Beobachtungen aller Zeiten bis hin zum Jahr 1959 betrug etwa 10.000. Von diesem Zeitpunkt an steigt die Kurve der Beobachtungen drastisch an und geht heute in die Millionen. Entweder zeigen die Leute seither weniger Zurückhaltung im Berichten von diesen immer vertrauter werdenden Erscheinungen oder aber die UFOs kommen in unseren Tagen wirklich in steigender Häufigkeit.

Nicht alle berichteten Beobachtungen sind natürlich echt, besonders Phänomene dieser Art aus vergangenen Zeiten müssen mit erhöhter Vorsicht behandelt werden.

Genaue Datierungsmethoden für die prähistorische Zeit sind freilich fragwürdig. Dies soll vorausgeschickt werden. Der Chemophysiker Dr. Melvin Cook von der Universität Utah erklärte, daß es in Wirklichkeit keine verläßlichen, langfristigen radiologischen „Uhren" gibt, und auch die Zeitmessung mittels der Radiokarbonmethode (C 14 Altersbestimmung) bedarf dringend der Überprüfung. So haben wir vom naturwissenschaftlichen Standpunkt aus einige Schwierigkeiten, das wahre Erdalter zu bestimmen, und die Annahme, unsere Erde habe eine Entwicklungszeit von mehreren Milliarden oder auch nur Millionen Jahren hinter sich, ist bereits von kompetenten Wissenschaftlern ernsthaft in Frage gestellt worden. Das alles sollten wir nicht vergessen, wenn wir von UFO-Vorfällen in ferner Vergangenheit lesen.

Die Granitschnitzerei in einer Berghöhle der Provinz Hunan in China stellt Figuren mit großem Rumpf dar, die auf in der Luft schwebenden zylinderförmigen Objekten stehen. Unter ihnen, auf dem Höhlenboden abgebildet, befinden sich andere, ähnlich aussehende Figuren. Diese Figuren sollen 45.000 Jahre alt sein.

Forscher Ralph Blum, der von Fullbright, Ford und der National Science Foundation unterstützt wird, sagt in seinem Buch „Beyond Earth", daß die religiösen Schriften, Legenden und Geschichten vieler Kulturen aus alter Zeit von Wesen sprechen, die vom Himmel kommen.

In der Bibel liest man in 1. Mose ähnliches. Es heißt dort, daß den „Söhnen Gottes" die Töchter der Menschen zu gefallen begannen. „Als sich aber die Menschen zu mehren anfingen auf Erden und ihnen Töchter geboren wurden, sahen die Söhne Gottes, daß die Töchter der Menschen schön waren und nahmen sich von allen die zu Weibern, welche ihnen gefielen" (1. Mose 6,2).

Gott aber betrachtete dieses Treiben mit Unwillen. „Da sprach der Herr: Die Menschen wollen sich von meinem Geist nicht mehr strafen lassen, denn sie sind Fleisch" (1. Mose 6,3).

Die seltsame Erzählung, die offenbar von einem übernatürlichen Zusammenleben zwischen Menschen und überirdischen Wesen spricht, geht ohne Kommentar weiter:

„Es waren Nephilim (Riesen) auf Erden in jenen Tagen und zwar, weil die Söhne Gottes zu den Töchtern der Menschen kamen und diese ihnen die Nephilim gebaren. Das sind die Helden, die von altersher berühmt gewesen sind.

Als aber der Herr sah, daß des Menschen Bosheit sehr groß war auf Erden und alles Gebilde der Gedanken seines Herzens nur böse allezeit, da reute es den Herrn, daß er den Menschen gemacht hatte auf Erden und es bekümmerte ihn in seinem Herzen" (1. Mose 6,4.5.6).

Nicht alle „Söhne Gottes" sind offenbar gute Geister, und die allgemein für richtig gehaltene Deutung dieser Textstelle besagt, daß es sich bei diesen „Söhnen" um Engel handelt, die sich wider Gott auflehnten. Christus spricht von ihnen als den unreinen Geistern und Dämonen. Als solchen ist ihr Herabkommen vom Himmel, um sich mit den Menschen zu vermischen, nach biblischer Sicht durchaus einsichtig. Die Bibel sagt von Satan, er sei ein himmlischer Aufrührer, der seine übernatürlichen Kräfte von seiner ursprünglichen Stellung als einem Engel Gottes her-

26

leitet. Ist es da verwunderlich, wenn viele Völker in ihrem Schrifttum und ihren Kunstwerken von der Anwesenheit übernatürlicher Wesen zeugen, die vom „Himmel herabstiegen"?

Der Bibelkenner weiß, daß Gott dem Dilemma von 1. Mose dadurch ein Ende setzte, indem er die Sintflut über die Erde kommen ließ. Eine Katastrophe so globalen Ausmaßes war die einzige Antwort auf die weltweite Bosheit, einer Verruchtheit, die nicht einmal davor zurückschreckte, sich Dämonen zu Ehepartnern zu wählen. Heute, wo sich die Menschheit wieder in einem Zustand weltweiter Verderbnis befindet, droht am Horizont eine globale Trübsal. In manchen Bereichen erleben wir wiederum die willige Annahme übernatürlicher Geschöpfe.

Vom biblischen Standpunkt aus läßt es sich also durchaus rechtfertigen, die UFOs mit dämonischer Wirksamkeit in Zusammenhang zu bringen. Der freiwillige Kontakt mit ihnen wird jedoch, wie im 1. Buch Mose, den Zorn Gottes hervorrufen.

Schriftliche Zeugnisse

Im Schrifttum vieler Kulturen der Menschheit liest man von seltsamen fliegenden Objekten am Himmel; solche Zeugnisse reichen bis in die Gegenwart. Anscheinend zeigten sich dem Menschen zu allen Zeitepochen seltsame Himmelserscheinungen, die unseren modernen UFOs in vielem ähnlich waren, und gelegentlich geben uns auch schriftliche Zeugnisse davon Kunde.

Die Hindu-Literatur ist etwas tausend Jahre vor unserer christlichen Zeitrechnung entstanden. In diesen Schriften wird von seltsamen „Himmels- und Luftwagen" berichtet. Manche dieser Erscheinungen werden auch als „leuchtende Wolke am Himmel" beschrieben. Solche Schilderungen erinnern erstaunlich an die Berichte unserer Zeit. Das Epos „Mahabharata" z.B. erzählt von einem feurigen, rotierenden Flugkörper, der Licht und eine starke Hitze ausstrahlte. Das „Samarangana Sutradhara" spricht von fliegenden, scheibenähnlichen Objekten, die eine außerordentliche Manövrierfähigkeit besaßen.

In alten tibetanischen Büchern wird von glühenden Flugkörpern, die von Personen hohen religiösen Rangs als Flugfahrzeuge benutzt wurden, erzählt.

Vielleicht haben die hier erwähnten Berichte auch mythologischen Charakter; immerhin aber könnten manche von ihnen auch Beschreibungen von UFOs sein.

Die alten Ägypter, deren Wissenschaft einen hohen Entwicklungsstand aufwies, hatten ebenfalls ihre UFO-Erscheinungen. Ein Papyrusbericht aus den Annalen des Pharao Thutmosis III (etwa 1600 v.Chr.) spricht von Feuerkreisen am Himmel. Diese geheimnisvollen Kreise leuchteten wie die Sonne, waren in großer Menge sichtbar und beherrschten das Firmament. Mit ihrem Auftreten war ein fürchterlicher Gestank verbunden, ein Kriterium, das uns auch bei den modernen UFO-Berichten immer wieder begegnet.

Die Schriften mancher römischer Historiker, deren Aussagen auf anderen Gebieten gut bezeugt sind, enthalten ebenfalls Berichte von unidentifizierten Flugobjekten am Himmel Roms, und zwar schon im 3. und 4. Jahrhundert vor Christus. Der Amerikaner Wilkins schreibt, daß Autoren wie Seneca, Plinius, Tacitus, Lycosthenes und andere vertrauenswürdige Chronisten diese Phänomene erwähnt haben. Titus

Livius und Julius Obsequens zählen sogar im einzelnen acht Örtlichkeiten auf, wo derartiges beobachtet wurde; sie reichen vom Golf von Venedig im Jahr 213 v.Chr. bis hin nach Umbrien im Jahre 18 n.Chr. Plinius (23-79 n.Chr.) spricht von einem feurigen, am Himmel schwebenden Schild, und der Historiker Livius (60-17 v.Chr.) verwendet den Ausdruck „Phantomschiffe".

In den ersten fünfhundert Jahren der christlichen Ära finden wir nur sehr wenige Berichte dieser Art. Nach dem ersten Kommen Jesu Christi scheint die UFO-Aktivität bis in das frühe Mittelalter hinein nachgelassen zu haben, jedenfalls wird in den vorhandenen schriftlichen Zeugnissen dieser Zeit kaum etwas davon erwähnt.

Etwa um das 6. Jahrhundert tauchen dann wieder „Wolkenschiffe" und „leuchtende Fremde" am Himmel auf. Nun liest man wieder in den Schriften vieler Länder von glühenden Flugkörpern. Jaques Bergier behauptet: Praktisch jedes Jahr des Frühen Mittelalters habe seine eigenen Berichte über diese „leuchtenden Fremden". Heutzutage liest man in vielen Erlebnisberichten im Zusammenhang mit gelandeten UFOs ebenfalls von „leuchtenden Wesen".

Die Berichte des Frühen Mittelalters

Im Jahr 583 berichtet Gregor von Tours, der erste französische Geschichtsschreiber, von feurigen, am Himmel fliegenden Kugeln. Zweihundert Jahre später, zur Zeit Karls des Großen, wurden vier Personen nahezu zu Tode gesteinigt, weil man sie aus „Luftschiffen" herabschweben sah. Man klagte sie der Zauberei an, damals ein todeswürdiges Verbrechen.

Diese Anklage der Richter mag gar nicht so falsch gewesen sein; denn die Angeklagten machten geltend, sie seien von übernatürlichen Wesen weggeschleppt worden. Diese hätten ihnen seltsame und unbekannte Wunder gewiesen und sie dann aufgefordert, zurückzukehren und über das Geschaute zu berichten. Agorbard, der Bischof von Lyon, setzte durch, daß man ihr Leben schonte. Er erklärte, die ganze Sache sei in Wirklichkeit nie geschehen.

Wie aus den vorliegenden Berichten jener Zeit hervorgeht, geschah es nicht selten, daß bei UFO-Zwischenfällen Feuer ausbrach. Wilkins spricht von „verheerendem Feuer" vom Himmel, das Menschen und Vieh tötete, Scheunen niederbrannte, die Weiden vergiftete. Das geschah in den Jahren 1032, 1048, 1057 und 1094.

Im Jahr 1209 berichteten die Mönche der Abtei Byland vom Auftauchen einer runden, silbernen Scheibe am Himmel, die langsam über das Kloster dahinschwebte und in den sonst so ruhigen Tagesablauf der Mönche viel Verwirrung brachte. Die Mönche der Zisterzienser-Abtei Begeland erlebten in jedem Jahr gleich zwei solcher „Besuche". In Klosterannalen finden sich häufig Erlebnisberichte über UFO-Phänomene. Das dreizehnte Jahrhundert war in England für die UFOs eine gute Zeit. Unter den gesichteten Flugkörpern findet sich um 1250 u.a. ein großes Flugschiff sowie ein großer feuriger Ball.

Am 13. August 1493 will Facius Cardan sieben „Männern" begegnet sein, die urplötzlich vor ihm auftauchten. Sie sagten, sie beständen aus Luft, leugneten die Unsterblichkeit der Seele und bestritten, daß Gott die Welt für alle Ewigkeit geschaffen habe. Sie bezeugten aber Interesse an theologischen Fragen

und schilderten ein System, in dem Gott die Welt
ständig neu schafft. Diese würde allerdings in dem
Augenblick zu existieren aufhören, wenn sie sich das
göttliche Mißfallen zuzöge.

Das Zeitalter der Vernunft?

Mit dem Beginn der Renaissance räumte der Mensch
der Vernunft den Rang über alles Vergeistigte ein. Er
fing an, seine Welt genauer zu erkunden, und Kunst
und Wissenschaft machten große Fortschritte. Der
Aberglaube aller Schattierungen hatte es schwer.

Und doch verschwanden die UFO-Erscheinungen
auch jetzt nicht, ja, es gab deren mehr als zuvor. Kein
Geringerer als der Weltentdecker Christoph Kolum-
bus berichtet von einem persönlichen UFO-Erlebnis.
In der Nacht des 11. Oktober 1494, genau vier Stun-
den, ehe er zum ersten Mal Land sichtete, war er mit
einem gewissen Pedro Gutierrez an Deck seines
Schiffes. Da erblickten beide am Firmament ein
schimmerndes Licht, das sich auf und ab bewegte.
Mehrmals in der Nacht verschwand es, um dann wieder aufzutauchen. Für die geheimnisvolle Erschei-
nung konnte man nie eine befriedigende Erklärung
finden.

In den Jahrhunderten nach den spanischen Erobe-
rungszügen treffen wir immer häufiger auf Berichte
von UFO-Sichtungen durch bekannte Persönlichkeiten. Erwähnenswert sind vor allem die Beobachtungen von Astronomen. So berichtet im Jahr 1757 ein
englischer Astronom von Himmelsobjekten mit erra-
tischer Bewegung, die während des Fluges die Farben
wechselten und dann in einem unmöglich erscheinen-
den Flugwinkel davonschossen. Zwei Schweizer

Astronomen, die unabhängig voneinander in Basel und einem anderen Ort Himmelsbeobachtungen anstellten, entdeckten dasselbe: große spindelförmige Objekte, die große, leuchtende Schleifen zogen; das geschah am 9. August 1729.

Johann Wolfgang von Goethe sah im Jahr 1768 ebenfalls ein seltsames Himmelsphänomen. Er nannte es „eine Gesellschaft leuchtender Wesen", war sich aber nicht ganz sicher, ob er seinen Augen trauen konnte, so seltsam kam es ihm vor. Aber leuchtende Menschen erscheinen um 1700 in Kalifornien auch staunenden Indianern. In ihren Legenden erzählen sie, die Wesen hätten die Fähigkeit besessen, die Menschen mit einer kleinen Röhre zu lähmen. Interessanterweise ist erst vor kurzem von John Cover eine Pistole erfunden worden, die ebenfalls Lähmungseffekt besitzt. Seine Waffe sendet einen Wechselstrom durch den menschlichen Körper, wodurch vorübergehend die Skelettmuskulatur erstarrt.

Der Mensch – ein kleiner Gott?

Im neunzehnten Jahrhundert erhob sich der Mensch zum Mittelpunkt des Universums, er wurde „zum Maß aller Dinge". Die Gelehrten entwickelten neue Weltanschauungen; die Evolutionstheorie, der Existentialismus Kierkegaards, das kommunistische Manifest Karl Marx' und die Theorien eines Friedrich Nietzsche vom Übermenschen wurden mit Beifall aufgenommen. Religiöse Sekten, die entweder den Versuch machten, das Christentum zu „verbessern" oder auch für die Welt annehmbarer zu machen, spalteten sich von den bis dahin bestehenden Konfessionen ab. Spiritismus, Mormonen, christliche Wissenschaft, Zeugen Jehovas und viele andere sammelten Anhänger um sich.

In dieser Zeit nahm aber auch die Zahl der UFO-Sichtungen beträchtlich zu. Es wäre wohl schwierig, hier eine sichtbare Verbindung herzustellen, es sei denn, daß alles dämonische Wirken ein übernatürlich geplanter Versuch ist, sich Gott zu widersetzen. Wenn es sich bei den UFOs wirklich um dämonische Aktivität handelt, tauchten sie im neunzehnten Jahrhundert in der Tat zur rechten Zeit und am rechten Ort auf!

Man könnte die eindrucksvolle Liste von philosophischen Richtungen und Sekten, die im vergangenen Jahrhundert entstanden, Fortschritt des Intellektualismus nennen. Ebenso kann man sie aber auch unter der Rubrik: „Niedergang der geistlichen Werte" einstufen. Alle diese auf die Erde und den Menschen ausgerichteten Do-it-yourself-Philosophien haben zum Ziel, die christliche Ethik abzuschaffen. Die Welt von heute ist das Produkt dieser Lehren.

Das UFO-Rätsel wird immer geheimnisvoller

In unserem Jahrhundert ist eine stetige Häufung von UFO-Erscheinungen festzustellen. Außerdem scheinen die Flugkörper in ihrem Aussehen immer vielfältigere Formen anzunehmen. Berichte aus den verschiedensten Gebieten der Erde sprechen von blitzenden Lichtern, bewegungslos schwebenden Objekten, UFO-Formationen, torpedoförmigen Flugobjekten, strahlenden Flugmaschinen, leuchtenden Scheiben verschiedenster Farben, kreisrunden Objekten mit gebogenen Schwänzen, eindrucksvollen spiralförmigen Flugmanövern. Manchmal zeigten sich Nacht für Nacht hintereinander dieselben Phänomene. Keine zwei UFOs scheinen sich exakt zu gleichen. Bestimmte Formen wiederholen sich zwar, aber die Untertassen- oder Scheibenform herrscht eindeutig vor. Doch auch hier lassen sich klare Unterschiede feststellen.

Prüft man die vielen hundert UFO-Photos und die Tausende von Berichten, bleibt die erstaunliche Tatsache, daß sie im Grunde *alle* verschieden sind! Die Theorie von den Besuchern aus dem Weltall hat an dieser Stelle einen schwachen Punkt, denn man würde doch erwarten, daß ihre Flugmaschinen alle ein ähnliches Aussehen hätten, wenn sie von einer außerirdischen Zivilisation gebaut würden. Haben wir es hingegen mit Besuchern von *verschiedenen* außerirdischen Welten zu tun, dann wird es allerdings schwieriger.

UFO-Schwärme bzw. sehr viele in geschlossener Formation fliegende Objekte wurden im neunzehnten Jahrhundert zweimal gesichtet. Der Beobachtungsbericht eines Astronomen aus dem Jahr 1849 spricht von „Tausenden" glühender Objekte am Himmel. Am 12. August 1883 gelang José Bonilla, einem mexikanischen Astronomen, der für das Zatecas Observatorium arbeitete, das erst UFO-Foto in der Geschichte. Bonilla hatte die Sonne beobachtet, als er plötzlich eine ganze Schar von Objekten vor der Sonnenscheibe vorüberfliegen sah. Er zählte nahezu 150 zigarren- und spindelförmige Flugobjekte, die alle auf dem Foto sichtbar sind.

Ein okkulter Unterton der UFOs liegt darin, daß ihre charakteristischen Merkmale jeweils mit der Kultur, in der sie entdeckt werden, in einem gewissen Zusammenhang stehen. Das heißt, die Ägypter sich-

34

teten Sonnen, die Römer Feuerkugeln, beides Formen, die sie schildern konnten. Vor dem Maschinenzeitalter blieben die UFOs als „natürliche" Phänomene ohne Zuhilfenahme von Ausdrücken aus der Mechanik beschreibbar. Seit der industriellen Revolution sichtet man „Maschinen" statt „leuchtende Wolken" oder „Feuerbälle".

DIE ANTWORT DER BIBEL

Die Bibel gibt Antwort auf eine Reihe erstaunlicher weltweiter Phänomene, angefangen bei Inflation und Hunger, bis hin zum Verfall der Moral und dem Entstehen der weltweiten Ökumene.

Wir finden auch viele gute Bücher über Themen der biblischen Weissagung. Sie versuchen, aktuelle Ereignisse von der Bibel her zu deuten. Unser aktuelles Thema heißt: „UFOs", und auch dazu hat die Bibel etwas zu sagen.

Zunächst sollten wir die Heilige Schrift als Kommentar für alle Bereiche des Lebens, einschließlich der übernatürlichen Dimension, verstehen lernen. Während viele behaupten, unser Leben sei rein diesseitig, es habe also keine übernatürliche Seite, war der Mensch in Wirklichkeit im Verlauf seiner Geschichte stets vom Übernatürlichen umgeben und beeinflußt. Genauso selbstverständlich wie die Urwaldbewohner seit jeher bei ihren Medizinmännern Heilung suchten, befragt heutzutage die Polizei spiritistische Medien, um Mordwaffen oder Personen auf die Spur zu kommen. Leute, die von sich behaupten, hellseherische Fähigkeiten zu besitzen, treten in Fernsehshows auf und „suchen" für Zuschauer verlorene Schlüssel oder sagen ihnen die Zukunft voraus. Jede Stadt hat ihre Wahrsager, die von verliebten Pärchen und Geschäftsleuten gern um Rat gefragt

werden. Leute, die Wasser oder Öl in der Erde auf-
spüren können (Wünschelrutengänger), werden von
kühl berechnenden Bohrfirmen zugezogen, um gute
Bohrplätze ausfindig zu machen.

Jedermann scheint jene Träume zu kennen, in denen man eine zukünftige Wirklichkeit sieht oder das
sonderbare Gefühl hat: „Hier bist du doch schon einmal gewesen." Ja, es gibt mehr Dinge zwischen Himmel und Erde, als unsere Schulweisheit sich träumen
läßt.

Daniel, Hesekiel und andere biblische Propheten
erlebten Visionen, in denen sie mit bemerkenswerter
Genauigkeit die Zukunft voraussahen. Hesekiels
Schau von einem Bund zwischen Rußland und den
arabischen Völkern gegen ein wiedererstandenes Is-
rael in der Endzeit vermögen wir erst in unseren Tagen so richtig zu erfassen (Hesekiel 37-39). Die biblischen Propheten äußerten sich aber auch zu manchen
Seltsamkeiten des menschlichen Lebens, zu denen
wir zwar viele Fragen, aber wenig Antworten haben.

Für die biblischen Schriftsteller war das Wirken ge-
fallener Engel oder Dämonen eine Tatsache. Sie ga-
ben Auskunft über die typischen Merkmale und das
Verhalten dieser bösen Geister. Heute, in unserer
Zeit, wollen wir prüfen, ob vielleicht auch bei diesem
Phänomen UFO-Dämonen mit im Spiel sein könnten.

Wir haben schon ausführlich dargelegt, wie schwer
sich die Wissenschaft mit den UFO-Erscheinungen
tut und daß sie mit ihrer Forschung keinen Schritt
weiterkommt.

Deshalb halten wir es für gerechtfertigt, eine andere Untersuchungsmethode anzuwenden. In einer
Zeit, in der es immer deutlicher wird, wie nützlich die

Bibel als modernes Diagnosewerkzeug ist, fühlen wir uns dazu ermutigt...

Von vornherein sollten wir wissen, daß Dämonen böse, personenhafte Mächte sind, die mit Gott um den Menschen streiten. Jeder von uns kennt die Geschichte vom Sündenfall, in der der Teufel in Gestalt einer Schlange den Menschen täuschte und dadurch Sünde und Tod in die Welt brachte.

Im Buch Hiob ist das Bild noch klarer gezeichnet. Gott war stolz auf Hiob, von dem er sagte: „Seinesgleichen ist nicht auf Erden, ein ganzer und gerader Mann, der Gott fürchtet und vom Bösen weicht" (Hiob 1,8). Das sagt Gott zu Satan, der zu denen gehört, die im Vers 6 „Gottessöhne" genannt werden. Diese schienen daran zu zweifeln, daß in Gottes Schöpfung auch nur ein guter Mensch gefunden werden könnte. Satan ist mißtrauisch im Blick auf Hiob, zumindest hegt er böse Pläne wider ihn. Er äußert sich gegenüber Gott: Hiobs Frömmigkeit sei nur darauf zurückzuführen, daß es ihm auf Erden so gut gehe. „Hast du nicht ihn und sein Haus und alles, was er hat, ringsum eingehegt?" fragt er. „Die Werke seiner Hände hast du gesegnet, und seine Herden breiten sich im Lande aus" (Hiob 1,10).

Satan denkt, Hiobs Treue gegen Gott werde in nichts zerrinnen, wenn er erst einmal seinen materiellen Besitz verloren habe. Daher fordert er Gott heraus: „Aber strecke deine Hand aus und taste alles an, was er hat..." Satan ist zuversichtlich, daß Hiob in einem solchen Fall dem Herrn fluchen werde.

Gott willigt in das Experiment ein und erlaubt Satan, dem Hiob Schaden zuzufügen. Der macht sich ans Werk und präsentiert binnen kurzer Zeit einen ganzen Katalog dämonischer Aktivitäten, wie sie auch die UFO-Beobachter sehr gut kennen. Alle, die den Bereich des Übersinnlichen zu erforschen suchen, sollten sich gut merken, wie Satan vorzugehen pflegt.

Satan hatte zu Anfang seines Gesprächs mit Gott von seiner Fähigkeit gesprochen, auf übernatürliche Weise auf der Erde umherschweifen zu können. Als ihn der Herr nach seinem Tun befragte, antwortete er: „Ich habe das Land durchstreift und bin darin umhergegangen" (Hiob 1,7). Nun fügt er Hiob immer neuen Schaden zu, und zwar auf eine Art und Weise, die in unseren Tagen der UFO-Aktivität aufhorchen lassen müßte. Bei einer Gelegenheit berichtet ein Bote: „Gottes Feuer ist vom Himmel gefallen und hat Schafe und Knaben angezündet und verzehrt, ich aber bin entronnen, nur ich allein, daß ich es dir anzeige!" (Hiob 1,16).

Satan besaß auch die Macht, Hiob mit Krankheit zu schlagen. Es heißt in der biblischen Erzählung: „Da ging der Satan aus von dem Angesicht des Herrn und plagte Hiob mit bösen Geschwüren von der Fußsohle bis zum Scheitel" (Hiob 2,7) (Es ist interessant, daß in manchen Fällen von UFO-Kontakten mysteriöse Hautinfektionen und schmerzhafte rote Striemen auftreten). Aber Hiob bleibt treu. „Bei alledem versündigte sich Hiob nicht mit seinen Lippen" (Hiob 2,10).

Später berichtet ein Freund Hiobs von einer äußerst geheimnisvollen Begegnung mit übersinnlichen Phänomenen:

„Zu mir aber stahl sich ein Wort,
mein Ohr vernahm ein leises Flüstern
beim Nachdenken über Nachtgesichte,
als ein tiefer Schlaf auf die Menschen gefallen war.

Da kam Furcht über mich und ein Zittern
und durchschauerte alle meine Gebeine:
denn ein Geist ging an mir vorüber.
Die Haare meines Leibes
standen mir darob zu Berge.
Er stand da, und ich erkannte sein Aussehen nicht.
Eine Gestalt war vor meinen Augen,
ich hörte eine flüsternde Stimme:
Ist der Sterbliche gerecht vor Gott
oder ein Mann vor seinem Schöpfer rein?"
(Hiob 4,12-17).

Eliphas sieht sich durch sein geheimnisvolles Erlebnis veranlaßt, Hiob aufzufordern, er solle seine Sünden bekennen, da der Mensch nicht größer als Gott sei. In Wirklichkeit ist auch hier wieder Satan, der Spitzfindige, am Werk. Es geht doch kaum um Hiobs Sünden; Satan weiß das ganz genau. Er bezweckt damit vielmehr, Hiob noch tiefer in die Verzweiflung zu stürzen und ihn dazu zu bringen, Gott Vorwürfe zu machen.

Trotz der Bedrängnis gelobt Hiob am Ende: „Siehe, tötet er (Gott) mich, ich werde auf ihn hoffen" (Hiob 13,15 Elb.).

Handlungsweise der Dämonen

Die dogmatische Lektion ist klar. Noch faszinierender ist das starke außersinnliche Moment in der Geschichte. Die sachlich nüchterne Darstellung der Taktik Satans und seiner Dämonen im Buch Hiob setzt sich durch die ganze Bibel fort und bietet einen Überblick über die Fähigkeiten böser Geister mit ihren niederträchtigen Beweggründen. Von der mit Absicht in Szene gesetzten Täuschung der ersten Menschen im Garten Eden bis hin zum letzten Buch der Bibel – der Offenbarung – das von unserer Zukunft handelt, liest man immer wieder von Dämonen und ihrem bösen Tun.

Millionen Zuschauer sahen vor Jahren den Film „Der Exorzist" und fanden kaum etwas dabei, daß auch ein Mensch in unseren Tagen vom Teufel besessen sein könnte und daß das ganze Problem wesentlich eine religiöse oder geistliche Angelegenheit ist. Man rief keine Psychiater, sondern Priester zu Hilfe, um den Dämon auszutreiben. Diese bedienten sich zur Ausführung ihres Exorzismus geistlicher Mittel.

Im Kino finden wir so etwas glaubwürdig, bei den UFOs hingegen sind wir geneigt, vor solch einer Erklärung des Phänomens zurückzuschrecken. Forschen wir aber in der Bibel, dann stellen wir fest: die Handlungsweise der Dämonen, wie sie uns in den biblischen Berichten entgegentritt, entspricht genau den Kriterien, die wir in vieler Hinsicht bei den unbekannten Flugobjekten finden.

In 2. Korinther 4,4 wird Satan der Gott dieser Welt genannt. In diesem Vers ist auch deutlich gesagt, daß der Teufel Macht hat, den Menschen für die Wahrheit blind zu machen. Von Anfang an hat Satan offenbar seine Kräfte konsequent dazu eingesetzt, Gott und seine Absichten zu bekriegen. In 2. Mose 7 lesen wir, daß die ägyptischen Magier bis zu einem gewissen Grad mit ihren okkulten Praktiken die göttlichen Plagen nachahmen konnten, denn der Herr hielt es für notwendig, sein Volk vor den Wahrsage- und Zauberpraktiken der Heidenvölker zu warnen (5. Mose 18, 9-14).

Von teuflischer Besessenheit lesen wir oft in der Bibel. Wir erfahren, daß böse Geister, die von einem

Menschen Besitz ergriffen haben, in diesem Taubheit, Blindheit, Epilepsie und eine Reihe anderer Körperschäden verursachen können (siehe Matthäus 9,32-33; 12,22; 17,15.18). Die Dämonen sind bestrebt, in menschlichen Körpern, ja sogar in Tierkörpern (Matthäus 8,30-32; 1. Mose 3,1-5) zu wohnen. Auf unser Thema bezogen: Besessenheit tritt auch bei UFO-Kontaktpersonen auf, und Tiere reagieren in wilder Panik, wenn sich UFOs oder UFO-Wesen in der Nähe befinden.

Die Dämonen ahmen auch geschickt die guten Geister nach (2. Korinther 11,14-15) und liefern großzügig geheimes (okkultes) Wissen, z.B. sagen sie die Zukunft voraus (Apostelgeschichte 16,16). Sie verstehen es, den menschlichen Geist zu manipulieren (Johannes 13,2; Matthäus 13,19.39) und ihren Opfern eine Scheinwelt vorzugaukeln (Matthäus 4,8). Kontaktpersonen berichten (wenigstens zu Anfang) fast einhellig vom Wohlwollen der UFO-Wesen und bekommen oft Zukunftsvoraussagen, die sich hinterher allerdings häufig als falsch herausstellen. Sie berichten auch von der Fähigkeit der Außerirdischen, den Verstand und die Sinne der Menschen völlig zu beherrschen.

Die bösen Geister besitzen die Fähigkeit, menschliche Ereignisse und Handlungen in gewissem Maße zu kontrollieren und auch zu „verhindern" (1. Chronika 21,1; Daniel 10,13; 1. Thessalonicher 2,18). Sie möchten angebetet werden (5. Mose 32,17; Kolosser 2,18) und versuchen, die ganze Welt zu täuschen (Offenbarung 12,9; 20,8; 2. Korinther 4,4; Epheser 6,12). Engelwesen können menschliche Gestalt annehmen (1. Mose 19,1-11; Lukas 1,26; Johannes 20,12; Apostelgeschichte 12,19). Sie treten mit den Menschen in körperlichen Kontakt (1. Mose 6,1-4) und reden mit ihnen (1. Könige 19,5; Apostelgeschichte 23,9; Lukas 1,19-20), können sich aber nach Belieben materialisieren und dematerialisieren (Lukas 2,9; 13,15). Sie besitzen eine ungeheure Macht (Psalm 103,20; 2. Thessalonicher 1,7; 2. Petrus 2,11) und können Menschen töten (2. Samuel 24,17; 2. Könige 19,35; 1. Chronika 21,12-16; Apostelgeschichte 12,23). Dämonen sind Engelwesen, aber sie sind gefallen und von Gott verstoßen. Als Wesen mit Engelcharakter haben sie ähnliche Gewalt wie die guten Engel, nur daß sie ihre Macht für böse Zwecke einsetzen statt für das Gute (Daniel 10,12-13). (Die Dämonen erscheinen den Okkultisten häufig in berührbarer menschlicher Gestalt.) Alle oben genannten Engelattribute werden auch in UFO-Berichten genannt.

Natürlich sind nicht alle Wesen übernatürlicher Herkunft, von denen wir in der Bibel lesen, böse, doch wir werden ermahnt, „die Geister zu prüfen" (1. Johannes 4,1). Die bösen Geister verkünden über Gott Lügen und falsche Heilslehren (1. Könige 22,19-23; Galater 1,8; Timotheus 4,1; 1. Johannes 4,1), die guten hingegen bringen echte Weissagung und frohe Botschaft (Daniel 9,21-27).

Die Offenbarung des Johannes entlarvt die üblen Absichten Satans. Sie bietet uns sogar einen Zeitplan der Endzeit. Wir lesen dort, welch große Wunder der Teufel tun kann: vor aller Augen läßt er Feuer vom Himmel fallen (Offenbarung 13,13). Schreckliche Plagen kommen über die Erde (Offenbarung 9,1-11). Satan versucht, sein Herrschaftsreich zu errichten und schlägt die Menschen mit Blindheit (Offenbarung 12,9). Wie in den Tagen von Sodom und Gomorra wird die Erde mit Gottes Zulassung schrecklich verwüstet, wenn mächtige Engel freigelassen werden, um ein Drittel der Erdbewohner zu töten (Offenbarung 9,13-21).

Es ist erstaunlich, daß sich nahezu alle siebzig seltsamen Kräfte und Fähigkeiten, die in der Bibel den (meist gefallenen) Engeln zugeschrieben werden, auch bei den UFOs oder ihren Insassen wiederfinden.

„Der leichtfertige Umgang mit UFO-Erscheinungen kann genauso gefährlich werden wie die Beschäftigung mit der Schwarzen Magie. Das Phänomen zieht Neurotiker, Leichtgläubige und Unreife gleichermaßen in seinen Bann. Die Folge sind häufig paranoide Schizophrenie, Dämonomanie (Besessenheit), ja sogar Selbstmord. Belege dafür ließen sich in einer Reihe von Fällen erbringen. Eine oberflächliche Neugierde für die geheimnisvollen UFOs kann in eine zerstörerische Manie umschlagen. Aus diesem Grunde möchte ich Eltern mit Nachdruck empfehlen, ihren Kindern jede Beschäftigung damit ernstlich zu verbieten. Lehrer und andere Erzieher sollten die Jugendlichen nicht dazu anregen, sich für dieses Thema zu interessieren."

John A. Keel
in „UFOs Operation Trojan Horse"

UFOs UND DIE SEKTE
„ONE WORLD FAMILY"

Allen-Michael Noonan, der Anführer einer Sekte, die unter dem Namen „One World Family" bekannt ist, bemüht sich derzeit, ein zwölfbändiges „Ewiges Evangelium" zu schreiben. Er behauptet, ein Messias zu sein, der wahre Geist des Erzengels Michael. Ferner behauptet er, er stehe in telepathischem Kontakt mit den UFOs und erhalte seine Informationen von diesen Außerirdischen.

Der erste Band seines umfangreichen Werkes trägt den Titel „An die Jugend der Welt". Im großen und ganzen scheinen die Schriften ein surrealistisches Bild der Offenbarung des Johannes zu sein, eine Art Pseudoauslegung der biblischen Prophetie. Noonan scheint nämlich wie besessen dafür zu arbeiten, die schrecklichsten Bilder der Offenbarung Wirklichkeit werden zu lassen.

Die Titel einiger noch ausstehender Bücher Noonans klingen wie echte prophetische Studien: „Die Zehn Könige", „Die neue Weltregierung" und „Die Enthüllung der Offenbarung". In „Die Zehn Könige" werden zehn Industriekomplexe geschildert, und „Die neue Weltregierung" erinnert in beängstigender Weise an den Antichristen, wie wir noch sehen werden.

Es gibt heutzutage unzählige Sekten, denn die Menschen unserer Zeit suchen verzweifelt nach einem sinnerfüllten Leben. Was Noonan für uns interessant macht, ist sein makabres Verständnis biblischer Prophetie und seine ausgesprochene Feindschaft gegenüber biblischem Christentum.

Das 'Ewige Evangelium' beschreibt die Erfüllung der biblischen Prophetie, behauptet dieser Messias, und wird die wirklichen Absichten der UFOs enthüllen. Die Verheißung der „Gottheit" von einem Himmel auf Erden wird Wirklichkeit werden, wenn die UFOs direkt angreifen und das „Ewige Evangelium" in der ganzen Welt verbreiten. In Kirchen und Tempeln wird dieses Evangelium verkündet werden und die „Weltweite Passive Widerstandsbewegung" ins Leben rufen. Jede staatliche Behörde wird auf die neue Weltstruktur hin ausgerichtet sein, und „die Agenten 666 werden für jeden Regierungsbezirk kollektiv einkaufen." Danach wird schließlich das „Reich" errichtet.

Allen-Michael Noonan behauptet, er habe seine „kosmische Weihe" im Jahr 1947 erhalten (im Jahr des massenhaften Auftretens der UFOs, das damals die Untersuchungen der amerikanischen Luftwaffe einleitete), als er „zum Thron Gottes emporgeführt" wurde. Er behauptet auch, Venusianer aus der zwölften Dimension hätten ihn aufgefordert, „ an der Rettung der Welt mitzuwirken."

Wer sich von dem Sektenchinesisch Noonans nicht abschrecken läßt (es finden sich in seinen Ausführungen Ausdrücke wie Universaler Geist, Galaktischer Kommando-Weltraum-Komplex, Jesusfaktor, plazentaler Planet, künstliche Trübsal, elektrische Liebe [Telepathie], Gehirn der Minerva [Jupiter], der große

Quasar, Super-Gott), der findet in seinen Schriften ein verführerisches revolutionäres System vor, das sowohl in der biblischen Prophetie als auch in den gesellschaftlichen Perversionen unserer Zeit wurzelt.

William Hannaford, der für die Herausgabe des Bandes „An die Jugend der Welt" verantwortlich ist, bchauptet, durch UFOs zu Noonan „geführt" worden zu sein. Der „Messias" verfaßte seine Werke mittels des „automatischen Schreibens" eine okkulte Praktik, bei der ein sogenahnter „Kontaktgeist" (oder Außerirdischer) die Feder des Mediums führt. Sein Manuskript jedoch mußte ganz umgeschrieben werden, ehe es veröffentlicht werden konnte!

Übrigens gibt es heute eine ganze Reihe populärer Bücher, die auf dem Wege des „automatischen Schreibens" entstanden sind; so behaupten es jedenfalls die Autoren. „A World Beyond" von Ruth Montgomery, „Seth Speaks" und „Oahspe" sind z.B. alle angeblich von Geistern diktierte Bücher. Ähnliche Inspiration empfingen Edgar Cayce, Taylor Caldwell, Kahlil Gibran und Richard Bach, der Autor des Bestsellers „Jonathan Livingstone Seagull". All diese Werke und viele hundert andere sind durchweg – wie nicht anders zu erwarten – mit der biblischen Lehre unvereinbar.

Noonan weiß selbstverständlich um den Zusammenhang seiner Lehre mit der Offenbarung des Johannes, und er sagt selbst, daß seine Bücher ihm den Namen eines falschen Propheten, eines Vorläufers des Antichrist, eingebracht hätten.

Er gibt auch zu, daß sein „Meisterplan" an die in der Bibel geschilderten Verhältnisse zur Zeit der Trübsal denken läßt. Niemand darf weder kaufen noch verkaufen. Es entsteht ein Weltwirtschaftssystem. Ohne die nötigen Ausweispapiere wird niemand existieren können. Noonan präsentiert sein System jedoch als wohltätig und menschenfreundlich. Seine „Agenten 666" werden einer dankbaren Welt vorführen, wie man Kranke heilt – jeder, der krank ist, wird entweder geheilt oder es wird ihm an einem einzigen Tag der Weg zur Gesundheit gewiesen.

In dem Maße, wie Noonans „Weltweite Passive Widerstandsbewegung" wächst, werden seine Anhänger das Weiße Haus, das Pentagon, die Vereinten Nationen usw., in Besitz nehmen. Das wird jedoch – so erklärt es jedenfalls der „Messias" – nicht zu einer Diktatur führen, sondern die bestehende aufheben.

Derweil geht es allerdings mit der „One-World-Family" noch recht langsam voran, jedenfalls gemessen an ihrem ehrgeizigen Programm. Die Sekte unterhält heute ein vegetarisches Restaurant in Berkeley und ist auf finanzielle Unterstützung angewiesen.

Sollte man das glauben?

Noonans Lehre ist eine zähe Mischung aus populär okkulten Anschauungen, Sozialismus und der guten Nachricht, daß der Mensch in Wirklichkeit keiner Rettung bedarf. Der Sekten-Messias ist Pantheist, d.h. er sieht Gott in allem und jedem, aber er besteht auf einem völlig neuen Weltsystem. Er spricht vom Kommunismus als dem „Kommunismus Christi" und behauptet, die UFOs kämen von Venus und Jupiter.

In bestürzender Blasphemie, wie sie für den kommenden Antichristen typisch sein wird, behauptet Noonan, das Wesen, das ihm seine Schriften inspiriert habe, nenne sich „Ich bin, der ich bin" (der biblische Name Gottes! 2. Mose 3,14; Johannes 8,58).

Liebe ist seiner Ansicht nach gleich Sozialismus, und unter universaler Freude versteht man, wenn jeder das tut, was natürlich ist. Stalin und Hitler müsse vergeben werden, weil sie „viele aus ihrer Umgebung eliminierten", und er kündigt an, daß im kommenden Reich die Gefängnisse leer sein werden. Die Vereinigten Staaten seien der Stamm Joseph, einer der verlorenen Stämme Israels. Jeder Mensch hat seinen eigenen Gott, denn die menschliche Natur selbst ist göttlich. Das Universum, „ES" und der Universale Geist sind synonyme Ausdrücke, sie bedeuten ein und dasselbe.

Drogengenuß wird als religiöser Ritus stark befürwortet.

Der Heilige Geist der Bibel wird zu Noonans Geist der Wahrheit und steht allen frei zur Verfügung. Es ist ein Kanal, der die Verbindungen zu dem Universalen Geist schafft.

Laut Sektenlehre sind alle Religionen Wahrheit, doch die inspirierten (oder durch den Kanal des Geistes der Wahrheit empfangenen) Werke Noonans lieferten erst den Schlüssel zum Verständnis der Schriften. Die hier gemeinten Schriften umfassen nicht nur die Bibel, sondern alle religiösen, okkulten und kommunistischen Publikationen.

Die Sekte glaubt auch an die Reinkarnation (Wiederverkörperung der Seele). Es gibt keine Sünde noch eine sündige Natur, mit der der Mensch kämpfen müßte. Daraus folgt, daß es auch kein göttliches Gericht gibt („Die Gottheit verdammt niemanden"). Die Menschen haben keinen Erlöser nötig. Der Jesus des christlichen Glaubens ist nicht der Jesus, den die Sekte vorgibt zu kennen. *Ihr* Jesus ist ein Wesen der Vereinigten Planetenorganisation des Jupiter.

Die Lehre der One-World-Family beinhaltet noch weit mehr, doch das Gesagte reicht aus, um ihren antibiblischen und okkulten Charakter deutlich zu machen. Ihre mit den UFOs und außerirdischen Wesen zusammenhängenden Komponenten sind einerseits ein typisches Zeichen der Zeit, zielen andererseits aber auch ganz eindeutig in eine bestimmte Richtung.

Wir erinnern uns an das, was wir aus der Bibel über typische Handlungsweisen von Dämonen wissen. Angenommen, Dämonen existieren wirklich und sind in unserer Zeit aktiv – dann scheint es, daß sie an Allen-Michael Noonan und Genossen genau das übermittelt haben, was wir erwarten würden. Sie liefern eine antibiblische Lehre und inspirieren zu Auflehnung und Umsturz. Sie unterstützen das Reich des Antichristen, setzen sich wortreich dafür ein und liefern die Mittel (Pantheismus, okkulte Praktiken, Rauschdrogen), um es zu verwirklichen.

Die Dämonen demonstrieren übernatürliche Kräfte, um ihre Sendboten zu inspirieren, sei es durch Kontakte, automatisches Schreiben oder durch die UFOs selbst. Sie vermengen die biblische mit ihrer Lehre, so daß der Nicht-Christ das echte Evangelium nicht klar erkennen kann. Wie wird ein durch Rauschdrogen umnebelter Geist, dem man zudem das Gotteswort in der Bibel verdreht ausgelegt hat, noch zu Christus finden können? Es ist – menschlich gesprochen – schier unmöglich.

Der erste Band der „Heiligen Schrift" der Noonan-Leute wendet sich ausdrücklich „An die Jugend der Welt". Die Gruppe plädiert für den Genuß von Rauschgift auf breiter Basis, für die Pflege des Okkultismus und die völlige Ablehnung des Christentums. Leider hat sich die unkritische Jugend dieser und früherer Generationen stets von Grundsätzen wie diesen faszinieren lassen, ohne jedoch ein Dogma daraus zu machen. Wie die Dinge aber heute liegen, bilden die religiösen Phrasen des Allen-Michael Noonan echte Gefahren. Wenn wir im folgenden Abschnitt noch näher auf seine Befürwortung von Drogen, Okkultismus und antichristlicher Haltung eingehen, sollten wir stets daran denken, wo dieser „Messias" seine Offenbarungen her bezieht – von den UFOs über „Kontakte". Ob wir bei unserer Betrachtung vielleicht der wahren Natur und Absicht der geheimnisvollen Besucher ein Stück näherkommen?

Ein gefährlicher Trip

Für die Eine-Welt-Familie ist der Drogenkonsum ein religiöses Sakrament. Rauschgifte sind „Arzneitränke der Natur" und „die Elixiere der Jugend". Die Sekte will den „rechten" Gebrauch von Rauschdrogen in der ganzen Welt durchsetzen. Noonan sagt, die Einnahme von LSD, Psilocybin und Meskalin (halluzinogene Drogen also) eröffne die „Lichtzentren des menschlichen Körpers".

Die im Drogenkonsum liegende Gefahr wird stark verharmlost. Man will den Leuten statt dessen weismachen, es handele sich dabei um eine Therapie, ein Heilverfahren. Der Drogenkonsument steht angeblich unter den kontrollierten Kräften von „Yin und Yang" (zwei kosmologische Prinzipien, die die positiven und negativen Lebenskräfte des Körpers regulieren) und kann so weder anderen schaden noch Verbrechen begehen. Selbst wenn der Drogenabhängige die Droge nimmt und psychotisch wird, so kann er nur sich selber schaden. Dieser selbst-verursachte

Schmerz wird den Betreffenden dann das „rechte Verhalten" lehren. Noonan lehrt außerdem: Die „Heiltränke der Natur" können einen Menschen entweder töten oder gesund machen; aber 95 Prozent derer, die heute Drogen nehmen, würden dadurch gesund werden. Nur blinde „Blindenleiter" meinen also, Drogen seien gefährlich.

Der Wissenschaftler Os Guinnes glaubt an eine Beziehung zwischen dem Konsum von LSD und Besessenheit. Auch die Christian-World-Liberation-Front äußert sich in einer Stellungnahme zu den Lehren der Eine-Welt-Familie dahingehend, daß sehr wohl ein Zusammenhang zwischen Besessenheit und Rauschmittelkonsum bestehen könne. Offenbar wird der Kontakt für die Anhänger der Eine-Welt-Familie mit „intergalaktischen Wesen" durch Drogenkonsum erleichtert. Manche von den Sektenmitgliedern behaupten sogar, sie seien gar keine irdischen Menschen, sondern außerirdische.

Dies alles könnte uns in Versuchung führen, das Ganze in Bausch und Bogen als Unsinn und Phantastereien eines Betrunkenen, oder in diesem Fall eines Rauschgiftsüchtigen, abzutun. Seine Verrücktheit hat jedoch Methode, und es läßt sich sehr gut eine Verbindung herstellen zu dem, was gläubige Christen für die endzeitliche Welt erwarten. Leider passen Drogen sehr gut in das Bild von der „Großen Trübsal", und wo für ihren Gebrauch plädiert wird, ist man gezwungen, an die Wirksamkeit teuflischer Kräfte zu glauben.

Auch die positive Einschätzung alles Okkulten, wie sie uns in der Lehre des Mr. Noonan begegnet, läßt an den Einfluß von Dämonen denken. Die Eine-Welt-Familie behauptet beispielsweise, „höhere Wesen"

54

hätten als Kanäle ihres Galaktischen Kommando-Raum-Komplexes von Körpern wie z.B. Hitler, Stalin und Roosevelt Besitz ergriffen, um die Bühne für ihre Sektenbewegung vorzubereiten.

Die „Heiligen Schriften" der Sekte umfassen eine Reihe okkulter Schriften und beruhen angeblich auf den Akasischen Berichten (Akashic Records), einer okkulten Quelle. Sie glauben, daß „die okkulten Zirkel schon zu allen Zeiten die tieferen Wahrheiten besessen haben." Außersinnliche Fähigkeiten gelten als Begabungen von großem Wert, und die Praktiken des Wahrsagens und Automatischen Schreibens stehen hoch im Kurs. Interessanterweise zeigt die Sekte kein Interesse für das Thema Dämonen, wie wir es in der Bibel finden.

Der Geist des Antichristen

Die Christen, die man als Hauptbedrohung bei der Entstehung eines Welteinheitsstaates ansieht, werden in der kommenden Weltregierung nicht vertreten sein bzw. ausgeschlossen bleiben. Die Eine-Welt-Familie steht damit in direkter Opposition zu jeder Form des organisierten Christentums, das sie als das Resultat der „Jesus-Propaganda" betrachtet. Die Sekte behauptet, evangelistisch ausgerichtete Verkündigung sei wertlos. Sie nennt die Glieder der evangelikalen Kirchen „Pseudochristen" und gibt ihnen den Rat, „ihre gesamten Anschauungen über Jesus und wer er ihrer Meinung nach war, aufzugeben." Die ganze Bibel könnte man, mit Ausnahme von ein paar in das Programm der Sekte passenden prophetischen Aussagen, fallen lassen. Sie vermittle laut Noonan keinerlei Aussagen darüber, was mit dem

Menschen nicht stimmt. Sollten Christen weiter darauf bestehen, ihre Behauptungen beweisen zu wollen, werden sie damit ihren Untergang besiegeln. Die Mitglieder der Eine-Welt-Familie hingegen geloben einander feierlich, „daß wir die Kirche Gottes sind".

Und wie sollen die Christen von ihrem Schicksal ereilt werden? Die Allen-Michael-Noonan-Leute, bzw. ihre außerirdischen Souffleure, formulieren es so:

Um die Leute davon abzuhalten, beharrlich Dinge zu tun, die vielen zum Schaden werden könnten – mag ihr Verhalten ihrer Ansicht nach auch richtig sein – haben die höheren Wesen Geheimwaffen entwickelt... Für die gerechten Menschen sind sie harmlos, diejenigen hingegen, die außerhalb der Vorschriften stehen und unsere Arbeit behindern... könnten in der Katastrophe enden... Alle vernünftig denken Menschen werden verstehen, daß zu Anfang unserer Weltweiten Passiven Widerstandsbewegung die Dinge unter Kontrolle gehalten werden müssen, bis wir, die Leute von der Eine-Welt-Familie, die Zügel in der Hand haben. Keiner sollte etwas dagegen haben, wenn die Höheren Wesen diese Taktik anwenden. Ihr Vorgehen ist nötig, um die rechte Ordnung einzuführen, die zu einem völlig neuen Zeitalter führen wird.

Wir werden also eine Revolution erleben, und dann soll ein herrliches „Neues Zeitalter" beginnen. Die „Jünger" sollen nicht zimperlich sein, wenn es notwendig wird, mit den nicht-eingeweihten, phantasielosen Christen hart umzuspringen, um sie zur Raison zu bringen; denn bald wird jeder unter der „rechten Zucht" stehen.

Es wäre eine interessante Denkübung, dieses Kau-

derwelsch einmal im Licht der kommenden Entrük-
kung zu betrachten. Die Entrückung ist der in der biblischen Prophetie angekündigte Augenblick, da die
Gemeinde – die Glieder des Leibes Christi – zum
Herrn „entrückt" wird (1. Thessalonicher 4,16-17).

Mächte und Gewalten

Daß Noonan und eine ganze Schar anderer Okkultisten feindlich gegen die Christen eingestellt sind, ist
quasi ein Beweis dafür, daß Dämonen mit im Spiel
sind. Schließlich ist das Christentum alles andere als
eine furchterweckende Macht in der Welt oder eine
Macht, die eine heraufziehende Revolution verhindern würde. Schließlich hat es nicht vermocht, die
diktatorischen Mächte Rußlands und Chinas zu zer-
brechen, wenngleich es auch mitten in ihrem Herr-
schaftsbereich weiterbesteht.

Besonders feindlich eingestellt sind die Dämonen
gegen Gott, wie es uns im Buch Hiob geschildert
wird. Auch der Apostel Paulus schreibt, daß die
Kämpfe dieser Welt zwischen „Mächten und Gewalti-
gen" ausgetragen werden. Wir vermuten, daß es sich
bei den UFOs tatsächlich um dämonische Erscheinungen der Endzeit handelt.

Merkwürdigerweise steckt in den hochtrabenden
Worten des Messias Allen-Michael Noonan eine
Menge Wahrheit. Er hat prophetische Aussagen gemacht, die exakt der Bibel entsprechen, und er hat Jesus als den realen Gegner seines stark okkult belaste-
ten Systems gekennzeichnet. Seine Gestalt läßt sich
genau in die Schilderung unseres Herrn von den falschen Propheten der Endzeit einfügen, die in den
letzten Tagen viele irreführen werden (Matthäus 24).

Der wahre, wiedergeborene Gläubige wird jedoch – wie einst Hiob – nicht wankend werden.

Für alle, die Jesus Christus nachfolgen, ist es wichtig, daß sie diesen neuen und unkonventionellen Versuch des Feindes, die Weltherrschaft an sich zu reißen, erkennen. Die Vermengung von Wissenschaft, biblischer Lehre, UFOs und okkulten Praktiken ist zweifellos Satans Meisterstück. Mit dieser schrecklichen Kombination mag er es wohl schaffen.

Die Nichtglaubenden müssen begreifen lernen, daß die Dinge oft nicht so sind, wie sie scheinen. Wir haben nicht einfach ein Phänomen vor uns, mit dem die Wissenschaft im Augenblick noch nichts anzufangen weiß. So seltsam es klingen mag, wir sind Zeugen einer der letzten Schlachten der Geister. Bald wird ein jeder von uns in diesem Kampf Partei ergreifen müssen.

Der Gedanke, daß sich die Dämonen aktiv in die Zeitereignisse einschalten, wurde schon vor langer Zeit geäußert, aber kaum ernst genommen. Hierzu einige Überlegungen von William James:

Die Weigerung der modernen Aufklärung, dämonische Besessenheit als reale Möglichkeit ins Auge zu fassen – eine Weigerung trotz der massiven menschlichen Tradition, die auf ganz konkreten Erfahrungen beruht – schien mir schon immer ein kurioses Beispiel dafür, wie sehr Modeströmungen auch in der so nüchternen Wissenschaft eine Rolle spielen. Daß die Dämonentheorie (nicht notwendigerweise eine Theorie vom Teufel) wiederum zum Zuge kommen wird, ist meiner Meinung nach absolut sicher. Man muß in der Tat „wissenschaftlich" denken, um so blind und unwissend zu sein, daß man nicht mit einer solchen Möglichkeit rechnet.

Und John Keel meint:
Die Dämonologie ist keine Spinnerei von Phanta-
sten. Sie ist das in uralte Zeiten zurückrechnende
Studium der Geister und Dämonen, die offenbar
die ganze Geschichte hindurch neben dem Menschen existiert haben. Tausende von Büchern sind
über das Thema geschrieben worden. Viele davon
stammen von gelehrten Kirchenmännern, Natur-
wissenschaftlern und Gelehrten. Unzählige gut do-
kumentierte Ereignisse stehen jedem Forschenden
zur Nachprüfung offen. Die Manifestationen, die in
dieser beeindruckenden Literatur beschrieben
sind, besitzen Ähnlichkeit mit dem UFO-Phänomen, ja sind sogar häufig *völlig identisch* mit ihm.
Die Opfer der Dämonomanie (Besessenheit) zeigen genau dieselben medizinischen und seelischen
Symptome wie die UFO-Kontaktpersonen.

UFOs UND OKKULTISMUS

Der „Messias von Berkeley" veranschaulicht uns deutlich die Verbindung zwischen den UFOs und der Welt der okkulten, finsteren Mächte. Auf unserer weiteren Suche nach den Plänen und Absichten der geheimnisvollen außerirdischen Besucher werden uns noch häufiger Geschehnisse begegnen, bei denen es sich dem äußeren Anschein nach um wissenschaftliche Feststellungen handelt, die aber in Wirklichkeit ihre Parallelen in eindeutig unwissenschaftlichen Praktiken haben.

Es gibt eine Reihe dem Esoterischen zugewandte Persönlichkeiten, die offen den Standpunkt vertregen, daß die unbekannten Flugkörper mit Okkultismus zu tun haben.

Das Interesse für das Okkulte hat sich merkwürdigerweise in unserer so ganz auf Wissenschaft ausgerichteten Zeit nicht nur gehalten, es ist sogar zu einem populären Aspekt unseres modernen Verhaltens geworden. Der Film „Der Exorzist" z.B. wurde vom Publikum nicht so sehr als Horrorgeschichte betrachtet, sondern vielmehr als plausible Darstellung der Wirklichkeit – sozusagen als ein Stück modernes Leben. Astrologische Ratschläge und Zukunftsprognosen liest man heute in fast jeder Zeitung, und sie erregen das Interesse von Millionen. Bücher über Themen wie dämonische Besessenheit, Kontakte mit Verstorbenen und Geistern und mystische Erlebnisse – gewöhlich fernöstlichen Einschlags – sind an allen Kiosken, ja sogar in den Supermärkten zu kaufen. Okkultisten, von den Spiritisten bis zu den astrologischen Lebensberatern in den Illustrierten, unterhalten ihre Büros und bieten wie Ärzte und Dentisten ihre Dienste an.

Die Parapsychologie, die oft als ernstes wissenschaftliches Studium okkulter Phänomene dargestellt wird, hat als wissenschaftliche Disziplin mittlerweile ein gewisses Ansehen erlangt. Heute gibt es an vielen Universitäten parapsychologische Lehrstühle, und tagtäglich werden Versuche durchgeführt, um tiefer in das Reich des Okkulten einzudringen. In den USA entstand der neue Forschungszweig zuerst an der Duke-Universität, und zwar unter Leitung von Professor Dr. J.B. Rhine, einem angesehenen Naturwissenschaftler. Dieser veröffentlichte über seine Arbeit mit dem Faktor „Psi" – den Seelenkräften des Menschen – interessante experimentelle Ergebnisse.

Die Duke-Universität richtete ein wissenschaftliches Laboratorium ein, das die Voraussetzungen für echtes Experimentieren bot. Dort erforschte Prof. Rhine dann über Jahre die seltsame Welt der spiritistischen Medien, Telepathen, Wahrsager usw.

Die Resultate der Duke-Experimente führten, wie nicht anders zu erwarten war, in der Welt der Wissenschaft zu heftigen Kontroversen, waren jedoch so bedeutsam, daß sich auch andere wissenschaftliche Einrichtungen mit dem „Psi-Faktor" zu befassen begannen.

Die Geist-Heilung, ein weiteres okkultes Phänomen, ist bekannt, seit es Medizinmänner gibt – also seit urdenklichen Zeiten. Unsere Zeit erlebt jedoch eine Vervollkommnung der unerklärbaren Heilungstechniken, die man sehr ernst nimmt, insbesondere von seiten der Geheilten selbst. Die reine Geist-Heilung stößt bei den Medizinern aber auf viel Widerstand. Nichtsdestoweniger gehen die Leidenden jedoch stets dorthin, wo sie Heilung finden.

Zu den Geist-Heilern gehört heute auch der Hypnotiseur, der das Magengeschwür vielleicht in einer einzigen Sitzung zum Verschwinden bringt, oder der „Arzt", der mittels Beschwörungsformeln oder Handauflegen arbeitet.

In der Welt der Astrologie, einem uralten „Hobby" der Menschheit, setzt man heutzutage sogar Computer ein. Millionen lassen sich in den Wochenendbeilagen der Zeitungen ihre Lebensprobleme deuten. Ähnlich den verschiedenen Methoden der Geist-Heilung scheinen auch die astrologischen Ratschläge und Prognosen der Masse das zu geben, wonach sie sucht, obwohl die Astrologie keinerlei wissenschaftliche Basis besitzt. Mancher junge Mensch interessiert sich mehr für das Tierkreiszeichen seines Partners als für dessen Herkunft, Neigungen und Hobbys. Bereitwillig zahlen die Leute das geforderte Honorar, um bei Reisen, Vermögensanlagen oder gar der Partnerwahl sicherzugehen. Der Horoskopsteller macht's möglich!

Bücher sind seit jeher ein gutes Barometer für den Publikumsgeschmack. Ganze Regale sind gefüllt mit Schriften über Spiritismus und Abhandlungen von der Art eines Dänniken. Sie verkaufen sich wie warme Semmeln, und was früher einmal in den Bereich der Science-Fiction verwiesen wurde, ist heute fast schon gesellschaftlicher Kommentar.

Wir vertreten den Standpunkt, daß es zwischen dem Umsichgreifen okkulter Praktiken in der menschlichen Gesellschaft und dem gehäuften Auftreten der UFOs eine wichtige Wechselbeziehung gibt. Wir wollen diese Beziehung näher untersuchen.

Aus biblischer und historischer Sicht ist eindeutig erwiesen, daß die verschiedenartigen Ausprägungen der geheimen Wissenschaft des Okkultismus direkt mit den dunklen Mächten der Finsternis in Zusammenhang stehen. Daraus läßt sich schließen, daß auch das UFO-Phänomen in dem Maße, wie es mit okkulten Erscheinungen auf eine Stufe gestellt werden kann, mit dämonischen Mächten zu tun hat.

In welcher Beziehung stehen nun die UFOs und Okkultismus zueinander? Schon als wir über die Kräfte der Dämonen in den Berichten der Bibel sprachen, brachten wir einige Beweisgründe dafür, daß ein Zusammenhang bestehen muß. Zwischen manchen UFO-Berichten – Kontakterlebnisse und UFO-Sichtungen verschiedenster Art – und bestimmten biblischen Berichten scheinen sich tatsächlich Parallelen ziehen zu lassen, so als seien die Dämonen aus den alten Schriften herausgetreten, mitten in unsere Zeit hinein.

Aber dies ist bei weitem nicht die einzige Beziehung zwischen den beiden Bereichen. Eine ganze Reihe weiterer okkulter Phänomene wurde bei UFOs beobachtet... Denken wir nur an die Gefahren für Leib und Leben, die absichtliche Täuschung durch UFO-Kontakte, die Besessenheitsfälle, das Interesse der von UFOs inspirierten Personen für Theologie usw. Das alles findet sich auch im Okkultismus. So behauptet zum Beispiel Uri Geller, er habe seine übersinnlichen Kräfte von außerirdischen Wesen erhalten.

In vielen Studien ernsthafter UFO-Forscher kommt die Beziehung zwischen Okkultismus und UFOs zum Ausdruck. John Keel z.B. äußert, es habe schon immer einen „starken" Einfluß des Okkulten auf die Ufologie gegeben. Eines der interessantesten Bücher, die diese Beziehung dokumentieren, ist Keels Werk „UFOs Operation Trojan Horse". Es ist das Produkt zweijährigen intensiven Forschens. In diesem Zusammenhang ist es interessant zu erfahren, daß viele, die sich in den fünfziger und sechziger Jahren für UFO-Fragen interessierten, jetzt in Spiritismus und andere okkulte Praktiken verstrickt sind. Manche, die die Beziehung zwischen UFO-Berichten und außersinnlichen Phänomenen erkannten, gingen in die parapsychologische Forschung. Beispielsweise gründete Ex-Astronaut Edgar Mitchell ein Institut für Noetische Wissenschaften, wo – wie wir wohl annehmen können – die enge Verflechtung zwischen UFO-Berichten und parapsychologischen Phänomenen erforscht wird.

Ein gründliches Studium des Astronomen und Computerspezialisten Dr. Jack Vallee führte zu einer Berichtsammlung von 923 UFO-Landungen zwischen den Jahren 1868 und 1968. Aus diesen Berichten geht hervor, daß viele Kontaktpersonen die typischen Merkmale allgemeiner außersinnlicher Erscheinungen aufweisen. Dazu gehört auch eine Parallele zu „religiösen Erscheinungen, dem Feenglauben, Geschichten von zwergähnlichen Wesen mit übernatürlichen Kräften" usw. Solche Wesen kommen in okkulten Ritualen häufig vor.

Eine dreijährige UFO-Studie von Brad Steiger, dem Autor von über dreißig Büchern über okkulte Themen, betont ebenfalls den Zusammenhang zwischen UFOs und okkult-mediumistischen Phänomenen aus wenigstens dreizehn verschiedenen Bereichen, u.a. der Telepathie, der Zukunftsschau und der Weckung von Psi-Kräften in Kontaktpersonen.

1969 brachte die amerikanische Regierungsdruckerei eine von der „Library of Congress for the Airforce Office of Scientific Research" durchgeführte Studie heraus unter dem Titel „UFOs and Related Subjects: An Annotated Bibliography" (UFOs und verwandte Themen, eine glossierte Bibliographie). Die verantwortliche Bibliographin, Lynn E. Catoe, hatte Tausende von UFO-Artikeln, Bücher und sonstige Veröffentlichungen studiert, um das 400 Seiten starke Buch vorzubereiten. Im Vorwort macht sie eine sehr bemerkenswerte Aussage:

„Ein Großteil der zugänglichen UFO-Literatur ist eng mit dem Mystizismus und dem Metaphysischen verknüpft. Sie behandelt Themen wie Telepathie, Automatisches Schreiben und Spiritismus sowie Spukmanifestationen und Besessenheit... In vielen der heute in der populären Presse veröffentlichten Berichte wird von angeblichen Vorfällen gesprochen, die eine erstaunliche Ähnlichkeit mit dämonischer Besessenheit und sonstigen außersinnlichen Erscheinungen aufweisen, wie sie Theologen und Parapsychologen seit langem kennen."

Schließlich haben auch die Verfasser dieses Buches bei der Durchsicht Dutzende von UFO-Büchern und -artikeln in der Flying Saucer Review, die für das beste UFO-Magazin der Welt gehalten wird, nahezu 300 Vorfälle gefunden, die eine wechselseitige Beziehung zwischen UFOs und okkulten Phänomenen aufweisen.

Es scheint so, daß UFO-Kontakte häufig unter Zuhilfenahme okkulter Mittel geknüpft werden. Die geheimnisvollen Besucher reagieren nur selten auf normale Versuche, sich ihnen zu nähern, sei es durch Flugzeugverfolgung oder Konfrontation auf der Erde. *Im Gegensatz hierzu haben die üblichen Methoden des Okkultismus, wie aus Berichten hervorgeht, in vielen Fällen solche Kontakte zustande gebracht.*

Ein beliebtes Mittel ist zum Beispiel die Buchstaben-Tafel, ein unschuldig scheinendes Wahrsage-Gesellschaftsspiel. Sie wird weithin von Medien, Hobby-Okkultisten und einem breiten Publikum in den USA verwendet.

Der Okkultist William Blatty, Autor von „Der Exorzist", hat eine gesunde Angst davor, denn er bezeichnet die Buchstaben-Tafel als sehr gefährlich und sagt, die Nervenheilanstalten seien „voll von Leuten", die durch die Handhabung dieses Wahrsageinstruments in den Okkultismus verstrickt wurden. In einem Fall des Kontaktes mit Außerirdischen behaupteten zwei Männer, mittels eines Kurzwellenempfängers und einer Buchstabentafel mit Wesen vom Mars in Verbindung zu stehen. Die Botschaften würden sie durch Automatisches Schreiben empfangen.

Auch manche spiritistische Medien, die sonst gegen Bezahlung angeblich mit den Geistern der Verstorbenen in Kontakt treten, eignen sich bestens als UFO-Kontaktpersonen. Das „Solar Light Center" (Sonnenlicht-Zentrum) behauptet, es stehe mit Wesen verschiedener Planeten unseres Sonnensystems in Verbindung. Die Leiterin, Marianne Francis, empfängt ihre Mitteilungen von den Außerirdischen auf ähnliche Weise „wie ein Medium als Kanal für Geistermitteilungen" bei einer spiritistischen Sitzung dient.

Brad Steiger nennt noch eine weitere Gruppe, die „Light Affiliates" (Genossen des Lichts), die, wie berichtet wird, mit einem außerirdischen Wesen namens OX-HO in Verbindung stehen. Das junge Mädchen, das OX-HO zu seinen Kontakten als Werkzeug diente, verhielt sich während der Kontaktperioden ähnlich wie ein spiritistisches Medium. So stellt Steiger denn auch die berechtigte Frage, ob diese Außerirdischen von mehr konventionellen Medien nicht einfach „Führungsgeister" genannt würden, wie im Spiritismus üblich. Auch er stellt Parallelen zwischen dem Verhalten von UFO-Kontaktpersonen und spiritistischen Medien in Trance fest.

Die Idee, durch Träume mit unsichtbaren Wesen in Verbindung zu treten, findet sich ebenfalls sowohl in UFO-Berichten als auch in okkulten Praktiken. Die Mitteilung kann der Kontaktperson oder dem Medium offenbar auch während des Schlafes zufließen. Der Geist „Seth", der in den Büchern des Mediums Jane Roberts die Hauptrolle spielt, hat behauptet, daß er und andere Geist-Wesen sich Frau Roberts in ihren Träumen kundgetan hätten. Er sagte dem Medium, sie sei von Geist-Wesen für ihre Arbeit vorbereitet worden. Auch Noonans Buch „Das ewige Evangelium" zeigt uns, daß Ideen und sogar ganze Bücher von Geistern dem Verstand der Okkultisten eingepflanzt werden können. So sind z.B. auch das „Urantia Book" (Das Buch Urantia), A Dweller between Two Planets" (Der zwischen zwei Planeten Wohnende) und die „History of the Origin of All

Things" (Geschichte vom Ursprung aller Dinge) alles Werke, die angeblich von Geistern, im ersten Fall von Außerirdischen, durch Medien, die ihnen als Übermittlungskanäle dienten, „verfaßt" wurden. Gewöhnlich geschieht so etwas mittels des Automatischen Schreibens, wobei es allerdings auch wieder gelegentlich Variationen gibt (bei Edgar Cayce das Trancediktat, bei Ruth Montgomery das automatische Maschinenschreiben). Gedanken und Tun des Empfängers der Geisterbotschaft werden also von außen manipuliert.

„Jonathan Livingston Seagull" wurde von Richard Bach auf ähnliche Weise geschrieben. Wie er selbst bezeugt, ist es eher ein Werk der Literatur als eine offene okkulte Darlegung, was auf die Schläue und Gerissenheit der Geister hinweist.

Der von UFO-Insassen entführte Polizist Herbert Schirmer bezeugte, die Außerirdischen hätten seinem Verstand „Daten" eingepflanzt und ihm erklärt, daß sie dies bei allen tun würden, mit denen sie in Kontakt träten. Es sind bereits aus der Geschichte Fälle bekannt, wo Okkultisten von Geistwesen, mit denen sie in Verbindung getreten waren, neue technische Informationen empfingen. Jaques Bergier hat eine große Anzahl von „Fällen" gesammelt, in denen „übernatürliche Wesen" oder „Lichtgeschöpfe" neue Erkenntnisse aus der Philosophie und anderen Gebieten der Wissenschaft übermittelten. Im dreizehnten und vierzehnten Jahrhundert zeigten sie sich im Zusammenhang mit den Freimaurern, einem Geheimbund, der später auch den Glauben an Leben auf anderen Sternen vertrat.

UFO-Wesen zeigen sich hin und wieder für das menschliche Auge sichtbar und stellen die Verbindung zu ihren Kontaktpersonen direkt her mittels Stimme, Lichtstrahlen und Gedankenübertragung. Solche Berichte werden zwar stark angezweifelt, es gibt sie jedoch „en masse", und sie weisen viele gemeinsame Merkmale auf.

Dr. K. Leo Sprinkle, Lehrbeauftragter für Psychologie an der Universität von Wyoming und angesehener Wissenschaftler, der einem UFO-Forschungsforum des „National Enquirer" angehört, beendete vor einigen Jahren eine fünfjährige Untersuchung an zweiundachtzig Personen, die angeblich Kontakte mit UFOs hatten. Bei den Testpersonen handelte es sich um einen Querschnitt aus dem Mittelstand. Alle waren seelisch stabil. Die Kontakte zu den UFOs kamen auf die verschiedenste Weise zustande: Telepathie, Visionen, Träume, innere Stimmen. In Hypnose versetzt, waren die Testpersonen oft in der Lage, sehr genaue Einzelheiten über ihre Erlebnisse wiederzugeben, während ein Mann unter einer Art posthypnotischer Suggestion der Außerirdischen zu stehen schien.

Im allgemeinen hatten die Testpersonen ihre Informationen durch „innere Stimmen" erhalten, ein häufig auftretendes okkultes Phänomen. Dr. Sprinkle ist überzeugt, daß es sich in diesen Fällen tatsächlich um eine bestimmte Form von Kommunikation gehandelt hat. Er drängt darauf, diese Problematik aufgrund seiner vorläufigen Ergebnisse einer noch intensiveren Forschung zu unterziehen.

Gelegentlich handelt es sich bei den Informationen, die von Medien durch ihre „Geister" empfangen werden, um Mitteilungen über die UFOs selbst. Oft sollen sie auch die Echtheit bestätigen oder Wissen über die Herkunft oder sonst einen Aspekt des Kontaktes vermitteln. Manchmal nimmt das Ganze aber auch eine Art Werbecharakter für die UFOs an. Es wird betont, sie seien gekommen, um die Menschheit vor der Selbstvernichtung zu bewahren.

Erich Norman nennt neunzehn Medien, die behaupten, außersinnliche Botschaften zu empfangen, deren Inhalt denen von UFO-Kontaktpersonen ähnlich ist.

„Sie sind begierig, uns zu lehren", versichern uns die Medien, vorausgesetzt natürlich, wir sind bereit, unsere Psi-Fähigkeiten zu entwickeln, um uns mit ihnen in Verbindung setzen zu können. Katherine Sabin sagt, manche von ihnen hätten menschliche Gestalt angenommen und bewegten sich mitten unter uns, während andere die Kontrolle über „mehrere Schlüsselfiguren der Weltpolitik" übernommen hätten. Auch Jacqueline Eastlund behauptet, die Außerirdischen würden – wenn erforderlich – „die Herrschaft übernehmen", indem sie die menschlichen Machthaber unter ihre Kontrolle brächten.

Bei all diesen Drohungen aufgezwungenen Wohlwollens wird man an die „Passive Revolution" des Sektenmessias Noonan erinnert. Es ist erstaunlich, wie leicht die Menschen einem mystischen Ideal folgen, besonders wenn es etwas mit angeblichen Wesen aus dem All zu tun hat. Auf den Geistererlebnissen des schwedischen Sehers Emmanuel Swedenborg hat man eine ganze Kirche gegründet. Dieser behauptete, er erhalte regelmäßig Besuch von „Engeln", er habe mittels astraler Projektionen den Himmel besuchen dürfen und mit Geistern vom Planeten Merkur gesprochen. Seine Kirche des Neuen Jerusalem ist ausgesprochen antibiblisch ausgerichtet.

Wenn wir die okkulten Praktiken etwas näher bese-
hen und den Versuch machen, sie mit bezeugten
UFO-Erlebnissen in Beziehung zu bringen, riskieren
wir von seiten der heutigen Gesellschaft Skepsis und
Ablehnung. Der Öffentlichkeit ist weithin unbe-
kannt, wie weit heute Okkultismus und Magie ver-
breitet sind. Man weiß auch nicht, wie sehr diese
Praktiken einer immer noch auf christlichen Prinzipien aufgebauten Gesellschaft schaden.

Schneidet man beispielsweise das Thema Schwarze
Magie an, läuft man Gefahr, nicht mehr für voll genommen zu werden. Doch die Schwarze Magie findet
sich neben vielen anderen okkulten Praktiken heute
in allen Schichten unseres Volkes und überall in der
Welt.

Die meisten Menschen werden einräumen, daß okkulte Praktiken zu verwerfen sind. Wenn z.B. sogenannte Schwarze Messen, bei denen Blut getrunken
wird, bewirken, daß tatsächlich Geister erscheinen,
kann nichts Gutes daran sein. Wenn Menschen mit
Geistern Kontakte knüpfen oder zumindest Anwei-
sungen von Geistern ausführen, von denen sie meinen, daß sie mit ihnen in Verbindung getreten seien,
wird davon die Welt bestimmt nicht besser werden.

Durch okkulte Praktiken werden tatsächlich seltsame Dinge bewirkt, und diese Wirkungen erinnern
stark an Erscheinungen, die im Zusammenhang mit
UFOs zu beobachten sind. Es ist etwas im Gange, was
nicht zu unterschätzen ist.

Der Ufologe John A. Keel sieht bei der Betrachtung der echten Magie eine enge Verbindung zwischen dem finsteren Treiben der Illuminaten (eine

Gesellschaft, der man die Ausübung Schwarzer Magie zuschreibt) und gewissen UFO-Phänomenen. Bei seiner Untersuchung der okkulten und magischen Praktiken von John Whiteside Parson, eines Wissenschaftlers für Raketentreibstoffe, der sich tief in diese Dinge verstrickt hatte, weist Keel auf das Auftreten von Stromausfällen, seltsamen Lichterscheinungen und vorübergehenden Lähmungserscheinungen hin, alles auch aus UFO-Berichten bekannte Symptome. Parson erhielt bei seinen Geisterkontakten auch mehrmals Zukunftsvoraussagen, kam dann jedoch bei einem Verkehrsunfall ums Leben – wie übrigens viele, die sich in UFO-Kontakte eingelassen hatten. Bei der Beschwörung eines Engels oder Geistes treten häufig Brechreiz und ätzende Verbrennungen auf, wie sie auch Personen begegneten, die sich in der Nähe eines UFOs aufhielten.

Die Kabbala, eine geheime Tradition des Mystizismus, bot gewissen Eingeweihten die Möglichkeit, mit „Luftmenschen" in Verbindung zu treten. Die Kabbalistik gilt als eine der drei Meisterriten in der okkulten Praxis und ruft, wie es heißt, Wirkungen hervor, die auch in Verbindung mit UFOs auftreten.

Es werden wirbelnde Rauchwolken und Lichtstrahlen beobachtet. Wer sich damit befaßt, kann besessen werden oder setzt sich schweren Angriffen unsichtbarer Mächte aus.

In manchen magischen Ritualen werden auch die sogenannten „Elementargeister" beschworen, angeblich Schöpfungen aus dem Geist des Magiers, die ausgesandt werden können, Menschen zu quälen oder gar zu töten. Sie heißen Elementargeiter, weil sie jede nur denkbare Form oder Größe annehmen können, vom Menschen bis hin zu einer Riesen-Seeanemone. Es wäre sicher interessant, die Beziehung zwischen den UFOs (oder ihren Insassen) und den Elementargeistern zu untersuchen. Das würde ihre unendliche Vielfalt erklären und würfe auch Licht auf ihre dunklen Absichten.

Angenommen, die Elementargeister der Magier und die UFOs wären ein und dasselbe Phänomen – Dämonen, vor denen uns die Bibel warnt – würde das nicht alles erklären?

Besessenheit

Ein wichtiges Thema in der Magie und im Okkultismus überhaupt ist die Besessenheit. Wen wundert es da, daß man sie auch bei UFO-Kontaktpersonen antrifft? Unsere Mitmenschen, die sich mit UFOs einlassen, bekommen von diesen nicht nur Informationen „technischer Art" – über ihre Flugmaschinen zum Beispiel – nein, sie erhalten auch angeblich wichtige Botschaften, die sich mit religiösen Fragen beschäftigen, u.a. die Ankündigung von der Machtübernahme der Welt durch die Außerirdischen. Die UFO-Leute lassen uns sagen, daß sie der Welt den Frieden bringen wollen. UFO-Kontaktpersonen stehen oft nicht nur „in Kommunikation" mit den Fremden, sie sind in manchen Fällen direkt von ihnen besessen, und das im schlimmsten Sinn des Wortes. Sie spielen nicht mehr die Rolle von eigenständigen Berichterstattern, sondern sind nur noch das Sprachrohr der außerirdischen Wesen.

Auch „Teleportation" und „Telekinese", wobei eine Person oder ein Gegenstand auf unerklärliche Weise von einem Ort an einen anderen versetzt werden, finden sich gleichermaßen sowohl in der okkulten als auch der UFO-Literatur.

Zusammenfassend kann gesagt werden, daß die Berichte über okkulte Betätigungen und Berichte von Erscheinungen, die mit UFOs zusammenhängen, eine Menge gemeinsamer Züge aufweisen, wobei wir uns allerdings – und das gilt für beide Bereiche – auf einschlägige „Berichte" oder Untersuchungen der jeweiligen Interessengruppen verlassen müssen. Es gibt keine wissenschaftlichen Laboratorien, in denen sich solche Phänomene wiederholen ließen. Auch lassen sich übernatürliche Geschehnisse weder in Schaubildern noch in Graphiken darstellen, wenn auch die parapsychologischen Laboratorien polygraphische Geräte verwenden (z.B. Lügendetektoren), um ihre experimentellen Resultate zu überprüfen.

Andererseits können Erscheinungen, die außerhalb unserer bekannten Naturgesetze liegen, nicht mit den Methoden unserer Naturwissenschaft nachgewiesen werden. Für die Naturwissenschaft können okkulte Phänomene und UFOs einfach nicht existieren, weil sie nicht materiell sind. Und doch existieren sie, wie wir gesehen haben, und sind durch eine große Zahl vertrauenswürdiger Berichterstatter bestätigt worden.

SCHLUSSFOLGERUNG

Mit ihrem UFO-Programm erreichen die Mächte des Bösen gleich auf doppelte Weise einen weltweiten Abfall vom Glauben an den lebendigen Gott. Einmal bereiten sie die Bühne vor für eine übernatürliche, oder zumindest außerirdische Lösung unserer Weltprobleme, zum anderen greifen sie die Glaubwürdigkeit der Heiligen Schrift an, die den einzigen Weg zur Erlösung bietet. Die Bibel spricht von einem kommenden großen Weltführer am Ende der Zeit. Er wird sich wie ein Gott verehren lassen. Seine Ideen werden sogar eine Weile funktionieren, zweifellos deshalb, weil er die Unterstützung aller dann existierenden Regierungen und Religionen genießen wird.

Nach den Aussagen der Bibel ist alles, was geschieht, von Gott angeordnet oder zugelassen. Nichts braucht uns also aus der Fassung zu bringen, weil es seltsam oder unerklärlich scheint. Alles, was wir heute im Bereich des Okkultismus erleben – die UFOs, falsche Propheten, ja sogar Inflation und Hunger – steht in vollem Einklang mit dem, was die Propheten der Heiligen Schrift für die Endzeit vorausgesagt haben. Der Christ läßt sich bei dem Gedanken, daß es unsichtbare Kräfte und Mächte des Bösen gibt, nicht aus der Fassung bringen. Ja, Christen sollten die letzten sein, die die seltsamen Erscheinungen unserer

Zeit fürchten oder in Zweifel ziehen. Sie alle weisen auf das Ende hin. Andererseits warnt jedoch die Bibel ausdrücklich davor, uns in okkulte Praktiken einzulassen. Sie sind dem Herrn ein Greuel (5. Mose 18,9-14).

Wie schon seit eh und je sind auch heute zwei große Mächte am Werk: Gott und Satan. Neutralität gibt es nicht. Es ist deshalb höchste Zeit, sich für eine Seite zu entscheiden. „Wer an den Sohn Gottes glaubt, der hat ewiges Leben; wer aber dem Sohne nicht glaubt, der wird das Leben nicht sehen, sondern der Zorn Gottes bleibt auf ihm" (Johannes 3,36).

Weitere Bändchen dieser Reihe:

Bändchen der Reihe 28: